THAI Kitchen

THAI Kitchen

100 Rezepte aus der Thailändischen Küche

Orathay Souksisavanh
Fotos von Akiko Ida

Vorwort

Meine Mutter wurde in Bangkok geboren und wuchs im chinesischen Viertel Yaowarat auf. Mein Großvater, ein chinesischer Buchhalter, starb an Tuberkulose und hinterließ seine Frau und sechs Kinder. Um die Familie zu ernähren, bereitete meine Großmutter kleine Gerichte und chinesische Snacks zu, die meine Mutter und ihre Schwestern nach der Schule vor den Kinos verkauften.

Später lernte meine Mutter meinen Vater kennen. Er stammte aus einer bürgerlichen chinesischen Familie, die seit mehreren Generationen in Bangkok lebte.

Mein Urgroßvater väterlicherseits war mit einer Thailänderin verheiratet, die in der Küche des Königspalastes in Bangkok arbeitete. Sie bereitete auch die Mahlzeiten für die Familie zu, und von ihr lernte meine Mutter, thailändisch zu kochen.

Ich bin in einer Familie aufgewachsen, in der man seine Gefühle nicht ausdrückte und in der die Kinder still zu sein hatten, wenn sich die Erwachsenen unterhielten. Nur wenn es um den Speisezettel der Familie ging, durften wir uns zu Wort melden und mitreden. Das Essen war und ist uns immer noch ein wichtiges Anliegen.

Schon vor langer Zeit habe ich verstanden, dass in meiner Familie Liebe durch die Zubereitung von Mahlzeiten zum Ausdruck gebracht wurde.

In diesem Buch möchte ich mit meinen Leserinnen und Lesern all die Liebe teilen, die ich in meinem Leben erfahren habe.

Vor-speisen

Für 4–6 Personen	Vorbereitung 50 Minuten	Garzeit 15 Minuten

Miang Kham

Gefüllte Betelblätter mit getrockneten Garnelen, gerösteten Kokosflocken & Chili

Die Blätter werden zu kleinen Tüten geformt und gefüllt. Man isst sie mit oder ohne Sauce.

Füllung
40 g getrocknete Garnelen
40 g Ingwer
2 Schalotten
1 Bio-Limette
1 Paket Betelblätter (oder 1 Salatherz, z. B. Romana)
50 g ungesalzene Erdnüsse, geröstet
40 g Kokoschips, geröstet
grüne Chili (nach Geschmack)

Sauce
1 EL (12 g) ungesalzene Erdnüsse, geröstet
1 EL (5 g) Kokoschips, geröstet
15 g getrocknete Garnelen
15 g Galgant
10 g Ingwer
100 g Palmzucker
1 TL Garnelenpaste (*Kapi;* nach Belieben)
2 EL Tamarindenmark (Rezept S. 255 oder Asialaden)
2 EL Nuoc Mam

Zunächst die Füllung zubereiten. Die getrockneten Garnelen in einer Schüssel mit kaltem Wasser einweichen. Ingwer und Schalotten in 3–4 mm große Würfel schneiden.

Die Limette dick schälen. Das Fruchtfleisch in Würfel schneiden. Den weißen Teil auf der Unterseite der Schale entfernen, dann die Schale in Würfel schneiden. Fruchtfleisch und Schale getrennt voneinander kühl stellen.

Für die Sauce die Erdnüsse grob zerkleinern, dann im Mixer mit den Kokoschips zu einem feinen Mehl verarbeiten. In einer Schüssel beiseitestellen. Die getrockneten Garnelen im Mixer zu einem faserigen Pulver zerkleinern. In einen Topf geben. Galgant und Ingwer im Mixer so fein wie möglich mahlen und zum Garnelenpulver geben. Den Palmzucker grob hacken, dann mit Garnelenpaste, Tamarindenmark, Nuoc Mam und 100 ml Wasser ebenfalls in den Topf geben. Alles 15 Minuten bei schwacher Hitze kochen, dabei regelmäßig umrühren. Der Zucker sollte sich vollständig aufgelöst haben und die Sauce leicht karamellisiert sein. Vom Herd nehmen und das Erdnuss-Kokos-Mehl einrühren. Die Sauce abschmecken: Sie sollte süß, salzig und säuerlich schmecken – in dieser Reihenfolge. Bei Bedarf nachwürzen.

Nun die für die Füllung eingeweichten Garnelen abtropfen lassen. Die Betelblätter waschen und putzen. Die Sauce und die übrigen Zutaten in Schälchen geben. Jeder Gast kann sich nun selbst Blätter nach Belieben füllen und mit der Sauce beträufeln.

Für 4 Personen (24 Stück) | Vorbereitung 50 Minuten | Garzeit 20 Minuten | Wartezeit 15 Minuten

Saku Sai Moo

Tapiokabällchen, gefüllt mit Schweinefleisch & Erdnüssen

Diese süß-salzigen Bällchen werden im Dampf gegart. Zum Essen wickelt man sie mit Kräutern in ein Salatblatt.

Füllung
2 Schalotten
60 g eingelegter chinesischer Rettich
50 g ungesalzene Erdnüsse, geröstet
120 g Palmzucker
2 EL Öl
150 g Schweinehackfleisch (Bauch)
½ TL weißer Pfeffer

frittierter Knoblauch
6 große Knoblauchzehen
80 ml Öl

Umhüllung
100 g Perlsago (Tapiokaperlen)

zum Servieren
1 Bund Koriander
kleine rote oder grüne Thai-Chilis (nach Geschmack)
1 Salatherz

außerdem
1 Bananenblatt zum Dämpfen (oder Backpapier)
Öl zum Einfetten
Dampfgarer

1

2

Für die Füllung Schalotten und Rettich fein hacken, die Erdnüsse grob zerkleinern. Den Palmzucker grob hacken.

Das Öl in einer Pfanne erhitzen. Schalotten und Rettich darin 2 Minuten bei mittlerer Hitze anbraten. Palmzucker, Fleisch und Pfeffer zugeben und unter ständigem Rühren 5–8 Minuten garen, bis der Palmzucker aufgelöst und das Fleisch krümelig und gut gebräunt ist. Vom Herd nehmen und die Erdnüsse hinzufügen. Umrühren und abschmecken. Bei Bedarf etwas Salz hinzugeben, aber normalerweise reicht der Rettich aus, um die Füllung zu würzen. Die Masse vollständig abkühlen lassen und dann zu Kugeln von jeweils 10–12 g formen.

Nun den frittierten Knoblauch zubereiten. Die Knoblauchzehen fein hacken. Das Öl in einem kleinen Topf erhitzen und den Knoblauch darin bei mittlerer Hitze unter regelmäßigem Rühren goldbraun werden lassen. Anschließend in einem Sieb gut abtropfen lassen. Öl und frittierten Knoblauch in getrennten Behältern aufbewahren.

Für die Hülle der Bällchen den Perlsago 15 Minuten in 300 ml kaltem Wasser einweichen. Abtropfen lassen. Etwas Sago auf die Handfläche nehmen und eine Hackfleischkugel daraufsetzen (**1**). Das Fleisch komplett mit dem Sago umhüllen (**2**) und die Kugel mit beiden Händen wieder schön rund formen.

Den Boden eines Dampfgarers mit einem Bananenblatt oder Backpapier auslegen, das Blatt einfetten. Die Kugeln darauf setzen (**3**) und 10–12 Minuten im Dampf garen, bis die Hülle glasig aussieht.

In der Zwischenzeit eine Servierplatte mithilfe eines Pinsels dünn mit dem Knoblauchöl bestreichen. Die Bällchen mit einer Zange aus dem Dampfgarer nehmen, auf die Platte legen und mit frittiertem Knoblauch bestreuen (**4**). Zum Verzehr ein Bällchen mit etwas Koriander und einem kleinen Stück Chili in ein Salatblatt wickeln.

TIPP

Der frittierte Knoblauch und das Öl sind im Kühlschrank mehrere Monate haltbar. Sie können auch für andere Rezepte verwendet werden.

3

4

Für 4 Personen	Vorbereitung 40 Minuten	Garzeit 10 Minuten	Marinierzeit mind. 2 Stunden, besser über Nacht

Piik Gai Hat Yai

Hähnchenflügel mit süßsaurer Sauce

Die Marinade für diese Hähnchenflügel wurde nach der Stadt Hat Yai benannt, die im Süden Thailands an der Grenze zu Malaysia liegt. Heute ist dies die beliebteste Hähnchenmarinade in ganz Thailand, vielleicht sogar die einzige.

Marinade
5 große Knoblauchzehen
10 Korianderstängel (ohne Blätter)
1 gehäufter EL schwarze Pfefferkörner
3 EL Rohrohrzucker
1 EL gemahlene Kurkuma
4 EL Sojasauce
2 EL Nuoc Mam

Hähnchen
800 g Hähnchenflügel
150 g Reismehl

süße Chilisauce
6 Knoblauchzehen
2 rote Chilis, entkernt
200 g Rohrohrzucker
180 ml Weißweinessig
1 leicht gehäufter EL Salz
1 EL Tapiokastärke

Topping
3 Schalotten
1 EL Mehl
4 Knoblauchzehen
1 l Öl zum Frittieren

zum Servieren
einige Korianderblättchen, gehackt

TIPP
Die süße Chilisauce hält sich im Kühlschrank mehrere Wochen. Wenn's schneller gehen soll, kann man auch fertige Chilisauce im Asialaden kaufen.

Für die Marinade Knoblauch, grob gehackten Koriander und Pfeffer im Mörser zu einer Paste verstoßen. Mit Zucker, Kurkuma, Sojasauce, Nuoc Mam und 50 ml Wasser in ein hohes Gefäß geben und alles mit dem Stabmixer pürieren. Alternativ den Pfeffer grob mahlen, mit den übrigen Zutaten in einen Mixer geben und alles fein pürieren.

Die Marinade über das Hähnchen gießen und das Fleisch darin wenden, bis es rundum überzogen ist. Mindestens 2 Stunden, besser über Nacht, im Kühlschrank marinieren lassen.

Für die süße Chilisauce Knoblauch und Chilis im Mörser zerstoßen oder mit dem Messer fein hacken. Zucker, Essig und Salz in einen Topf geben und zum Kochen bringen. Die Tapiokastärke mit 80 ml Wasser verrühren und in den Topf geben. Umrühren. Die Sauce vom Herd nehmen, sobald sie eindickt. Knoblauch und Chili unterrühren. Die Sauce abkühlen lassen, dann in ein Schraubglas füllen.

Für das Topping die Schalotten in dünne Ringe schneiden und mit Mehl bestreuen. Dann die Schalotten in ein Sieb geben und darin schwenken, um überschüssiges Mehl abzuschütteln. Den Knoblauch in Scheiben schneiden. Das Frittieröl in einem Topf auf 180 °C erhitzen. Die Knoblauchscheiben frittieren. Sobald sie zu bräunen beginnen, mit einem Schaumlöffel herausnehmen. Anschließend die Schalotten goldbraun frittieren.

Für die Hähnchenflügel das Reismehl auf einen Teller geben. Die Hähnchenflügel darin wenden, dann im 180 °C heißen Öl etwa 8 Minuten goldbraun frittieren.

Die Hähnchenflügel mit frittiertem Knoblauch und Schalotten bestreuen. Die Sauce mit gehacktem Koriander bestreuen und zu den Hähnchenflügeln servieren.

Für
6 Personen | Vorbereitung
30 Minuten | Garzeit
20 Minuten

Mee Krob

Frittierte Reisnudeln mit süßsaurer Sauce

Die süß-salzigen Nudeln werden wie Popcorn zum Aperitif serviert.

90 g Reis-Vermicelli (Typ Wai Wai, 0,5 mm dick)
1 l Öl zum Frittieren

Sauce
2 Schalotten
150 g Palmzucker
2 EL Öl
3 EL Tamarindenmark (Rezept S. 255 oder Asialaden)
2 EL Sriracha
3 EL Nuoc Mam
Saft von ½ Bio-Limette
50 g Cashewkerne, geröstet
30 g Kürbiskerne

zum Servieren
abgeriebene Schale von 1 Bio-Limette

Die Nudeln in drei Teile brechen. Das Frittieröl in einem ausreichend großen Topf auf 230 °C erhitzen. Wenn die Temperatur erreicht ist, die Hitze auf 180 °C reduzieren und die Nudeln portionsweise jeweils einige Sekunden frittieren. Das Öl muss sehr heiß sein, damit sich die Nudeln wie Popcorn aufblähen. Auf einer großen, mit Küchenpapier ausgelegten Platte abtropfen lassen.

Für die Sauce Schalotten fein würfeln, Palmzucker grob hacken. In einem Wok oder einer großen Pfanne 2 EL Öl erhitzen. Die Schalotten darin bei mittlerer Hitze goldbraun braten. Palmzucker, Tamarindenmark, Sriracha, Nuoc Mam und den Limettensaft dazugeben. Alles auf 115 °C erhitzen (so bleiben die Nudeln später mehrere Tage knusprig).

Nun die Hitze auf ein Minimum reduzieren. Die Nudeln in die Sauce geben, dabei etwas zerdrücken. Umrühren, damit sie ringsum gut mit der Sauce überzogen sind.

Vom Herd nehmen. Cashewkerne und Kürbiskerne hinzufügen. Mit Limettenschale garnieren und servieren.

TIPP
Reste können in einen luftdichten Behälter gefüllt und dort fest zusammengedrückt werden. Zum Servieren dann die Nudelmasse in Würfel schneiden.

Für 4 Personen	Vorbereitung 40 Minuten	Marinierzeit mind. 2 Stunden, besser über Nacht	Wartezeit 15 Minuten	Garzeit 10 Minuten

Moo Satay

Schweinefleisch-Spieße mit Erdnusssauce und eingelegter Gurke

500 g Schweinefilet (oder Schweinenacken, wenn das Fleisch gegrillt wird)
2 EL Öl

Marinade
100 ml Kokosmilch
1 EL Madras-Currypulver
10 g Rohrohrzucker
1 TL Salz

Erdnusssauce
2 EL Öl
20–25 g rote Currypaste (Rezept S. 86 oder Asialaden)
250 ml Kokosmilch
100 g Erdnussmus
30 g Rohrohrzucker
1 TL Salz

eingelegte Gurke
1 Bio-Gurke
1 EL grobes Salz
1 Schalotte
1 rote Chili
30 g Rohrohrzucker
90 g Reisessig (oder Branntweinessig)

Das Schweinefleisch in dünne Scheiben schneiden. Für die Marinade alle Zutaten verrühren und über das Fleisch gießen. Alles mit der Hand vermengen, sodass sich die Marinade gut verteilt. Mindestens 2 Stunden, besser über Nacht, in den Kühlschrank stellen. Wenn das Fleisch mariniert ist, ein kleines Stück in der Mikrowelle garen und probieren. Bei Bedarf nachwürzen.

Für die Erdnusssauce das Öl in einem Topf erhitzen. Die Currypaste darin bei schwacher Hitze anrösten. Dann die restlichen Zutaten hinzufügen und alles gut verrühren. Die Sauce zum Kochen bringen, abschmecken und bei Bedarf nachwürzen. Die Sauce ist traditionell recht süß, man kann sie aber nach Geschmack anpassen.

Nun die Gurke der Länge nach vierteln, dann in etwa 1 cm dicke Stücke schneiden. Mit grobem Salz bestreuen und 15 Minuten in einem Sieb abtropfen lassen. In der Zwischenzeit Schalotte und Chili fein hacken, Zucker und Essig verrühren. Die Gurke abtupfen, aber nicht abspülen. Alle Zutaten miteinander verrühren. Abschmecken und gegebenenfalls nachwürzen, dann kühl stellen.

Das marinierte Fleisch auf Holzspieße stecken.
Auf dem Grill: Die Spieße über schwacher Glut von jeder Seite 1 Minute garen.
In der Pfanne: Das Öl in einer Pfanne erhitzen und die Spieße nebeneinander hineinlegen. Das Fleisch bei starker Hitze von jeder Seite etwa 3 Minuten braten, bis es goldbraun ist.
Im Backofen: Den Backofengrill vorheizen. Ein Blech leicht einfetten und die Spieße nebeneinander darauflegen. Von jeder Seite etwa 4 Minuten garen.

Heiß mit der Erdnusssauce und der eingelegten Gurke servieren. Für eine vollständige Mahlzeit wird dazu weißer Reis serviert.

TIPP
Die Erdnusssauce kann im Voraus zubereitet und eingefroren werden. Zum Auftauen kurz bei schwacher Hitze erwärmen.

Für 4 Personen (16 Stück) | Vorbereitung 45 Minuten | Marinierzeit mind. 3 Stunden, besser über Nacht | Garzeit 4 Minuten

Gai Hor Bay Toey

Hähnchen in Pandanusblättern

Die Pandanusblätter geben dem Hähnchen ein besonderes Aroma und schließen die Marinade ein, sie werden jedoch nicht mitgegessen. Normalerweise werden diese Häppchen mit dickflüssiger Sojasauce serviert. Doch ich finde, dass sie den zarten Duft der Pandanusblätter überdeckt. Dies ist meines Wissens das einzige herzhafte Rezept mit Pandanusblättern.

400 g Hähnchenkeulen ohne Knochen
(2 große Keulen)
16 Pandanusblätter (möglichst nicht zu lang)
1 l Öl zum Frittieren

Marinade
1 leicht gehäufter TL weiße Pfefferkörner
4 Knoblauchzehen
10 Korianderstängel (ohne Blätter)
1 TL Zucker
2 kleine EL Austernsauce
2 EL Sojasauce
1 EL Kondensmilch (nach Belieben)

1

2

3

Das Fleisch in mundgerechte Stücke von etwa 3 × 3 cm schneiden.

Für die Marinade Pfeffer, Knoblauch und gehackten Koriander in einem Mörser zerstoßen. Alternativ Knoblauch pressen, Koriander mit einem Messer hacken und Pfeffer mit einem Nudelholz zerdrücken. Alles über das Hähnchenfleisch geben. Zucker, Austernsauce, Sojasauce und ungesüßte Kondensmilch (sie hält das Hähnchen weich) dazugeben. Umrühren. Das Fleisch 3 Stunden, besser über Nacht, im Kühlschrank marinieren lassen.

Am nächsten Tag die Pandanusblätter putzen und trocken tupfen.

Ein Blatt mit der Rückseite nach oben auf die Arbeitsfläche legen. Beide Enden des Blattes fassen und locker verknoten, indem man die Spitze des Blattes durch die Schlaufe zieht (**1**). Den Knoten umdrehen und ein Stück Fleisch in die so entstandene Tasche schieben (**2**). Die Spitze des Blatts über das Fleisch legen und in den Knoten schieben (**3**). Nun ist das Fleisch in einer Art Krawattenknoten eingeschlossen. Den Knoten festziehen und die Enden des Blatts abschneiden.

Das Öl in einem Topf auf 170 °C erhitzen. Die gefüllten Knoten darin 3–4 Minuten goldbraun frittieren.

Die Knoten werden in Thailand als Snack serviert. Mit Reis ergeben sie eine vollständige Mahlzeit.

Für 4 Personen (14–16 Stück) | **Vorbereitung 30 Minuten** | **Garzeit 6 Minuten**

Tod Man Pla

Fischküchlein mit Bohnen & Gemüsesauce

Fischküchlein
400 g Dorschfilet
20–25 g rote Currypaste
(Rezept S. 86 oder Asialaden)
1 Ei
1 TL Zucker
2 kleine EL Nuoc Mam
10–12 Kaffirlimettenblätter
3 Meterbohnen (oder 80 g grüne Bohnen)
60 ml Öl

Gemüsesauce
50 g Zucker
3 EL Reisessig
¼ TL Salz
2 EL Nuoc Mam
½ Gurke
2 Schalotten
1–2 rote Chilis (nach Geschmack)

Für die Fischküchlein eventuell verbliebene Gräten aus dem Dorschfilet entfernen. Den Fisch in Stücke schneiden, dann mit Currypaste, Ei, Zucker und Nuoc Mam im Mixer zu einer klebrigen Paste verarbeiten. Zwischendurch Pausen einlegen, damit der Mixer nicht überhitzt wird.

Die Mittelrippe der Kaffirlimettenblätter entfernen. Die Blätter aufeinanderlegen, fest aufrollen und sehr fein hacken. Die Meterbohnen fein hacken. Kaffirlimettenblätter und Bohnen zur Fischmasse geben und gut vermischen. Aus der Masse mit leicht angefeuchteten Händen 14–16 Küchlein formen.

Das Öl in einer großen Pfanne erhitzen. Die Fischküchlein darin bei starker Hitze von jeder Seite etwa 3 Minuten braten, bis sie gut gebräunt sind.

Für die Sauce Zucker, Essig, Salz und Nuoc Mam in einer Schüssel verrühren. Die Gurke in kleine Würfel schneiden. Schalotten und Chilis fein hacken und alles ebenfalls in die Schüssel geben. Mit den Fischküchlein servieren.

TIPP
Die Fischküchlein schmecken auch gut mit einer süßen Chilisauce nach dem Rezept auf S. 18 oder aus dem Asialaden.

Thailändisches Bier

Die beiden bekanntesten Biere in Thailand sind *Singha* (Brauerei Boon Rawd Brewery) und *Chang* (ThaiBev). Beide sind helle Biere.

Singha ist das thailändische Wort für »Löwe«, Symbol des Königtums und der Macht. Es ist die älteste Biermarke des Landes. Nach einer Reise durch Europa beschloss der chinesischstämmige thailändische Geschäftsmann Phraya Bhirombhakdi 1933, eine eigene Brauerei zu gründen. Das Unternehmen wuchs bald und erweiterte sein Sortiment um weitere Biere wie *Leo* oder *Thai Beer*.

Chang bedeutet »Elefant«. Der Elefant ist in Thailand ein Symbol für Stärke, Größe und Weisheit. Chang kam erst 1995 auf den Markt, als ThaiBev, einer der größten Getränkehersteller und -vermarkter in Südostasien, eine Partnerschaft mit Carlsberg einging. Es ist ein beliebtes, preiswertes Bier, das oft mit der Arbeiterklasse in Verbindung gebracht wird. Manche betrachten dieses Bier als Symbol für soziale Ungleichheit.

Für 4 Personen (16 Stück) | **Vorbereitung 40 Minuten** | **Garzeit 5 Minuten**

Khrung Tod

Panierte Garnelen mit Chilisauce

süße Chilisauce
3 Knoblauchzehen
1 rote Chili, entkernt
100 g Rohrohrzucker
90 ml Weißweinessig
½ leicht gehäufter TL Salz
½ EL Tapiokastärke

Garnelen
½ Bund Koriander
300 g rohe Garnelen ohne Schale (TK), aufgetaut
1 leicht gehäufter TL rote Currypaste (Rezept S. 86 oder Asialaden)
1 Ei
1 TL Zucker
2 kleine EL Nuoc Mam
200 g Reisflocken (oder 125 g Panko)
16 Garnelen (TK), aufgetaut
1 l Öl zum Frittieren

Für die süße Chilisauce Knoblauch und Chili im Mörser zerstoßen oder mit dem Messer fein hacken. Zucker, Essig und Salz in einen Topf geben und zum Kochen bringen. Die Tapiokastärke mit 40 ml Wasser verrühren und hinzugeben. Umrühren. Die Sauce vom Herd nehmen, sobald sie eindickt. Knoblauch und Chili unterrühren. Die Sauce abkühlen lassen, dann in ein Schraubglas füllen.

Für die Garnelen den Koriander grob hacken. Garnelen mit Currypaste, Ei, Zucker, Nuoc Mam und Koriander im Mixer zu einer klebrigen Paste verarbeiten. Zwischendurch Pausen einlegen, damit der Mixer nicht überhitzt wird.

Eine Schüssel kaltes Wasser bereitstellen. Reisflocken oder Panko auf einen Teller geben. Die Hände ins Wasser tauchen. Etwas von der Garnelenmasse in die Hand nehmen und eine Garnele damit so umhüllen, dass der Schwanz sichtbar bleibt. In Reisflocken oder Panko wenden.

Das Öl in einem Topf auf 180 °C erhitzen. Die panierten Garnelen vorsichtig hineingeben. Die Panade muss sich rasch aufblähen – wenn das nicht geschieht, ist das Öl nicht heiß genug. Die Garnelen etwa 2–3 Minuten frittieren, bis sie rundum schön goldbraun sind.

Noch warm mit der süßen Chilisauce servieren.

Für
2–3 Personen | **Vorbereitung**
40 Minuten | **Garzeit**
10 Minuten

Khai Luuk Kheuy

Frittierte Eier im Fleischmantel

Wenn in Thailand ein Mann seine Frau schlecht behandelt, bereitet ihm seine Schwiegermutter zwei Eier zu, die in einer teuflisch scharfen Tamarindensauce serviert werden! Traditionell werden die Eier ohne Fleischmantel oder Panade zubereitet. Dies ist eine neue Interpretation, inspiriert von Schottischen Eiern.

Sauce
70 g Palmzucker
4 EL Tamarindenmark
(Rezept S. 255 oder Asialaden)
4 EL Nuoc Mam

Eier
7 Eier
½ Zwiebel,
8 Stängel Koriander
400 g Schweinehackfleisch
(Bauch, Nacken)
1 EL Sojasauce
1 TL Zucker
½ TL Salz
weißer Pfeffer
50 g Mehl
50 g Panko
1 l Öl zum Frittieren

Topping
3 Schalotten
1 EL Mehl
getrocknete Chilis (nach Geschmack)
3 Stängel Koriander

Für die Sauce den Palmzucker grob hacken, mit 4 EL Wasser und Tamarindenmark in einen Topf geben und alles bei schwacher Hitze 5 Minuten erwärmen, bis der Zucker schmilzt. Vom Herd nehmen und die Nuoc Mam einrühren. Abschmecken und bei Bedarf nachwürzen.

Wasser in einem Topf zum Kochen bringen und fünf Eier darin 6 ½ Minuten kochen. In der Zwischenzeit für den Fleischmantel Zwiebel und Koriander hacken, das Hackfleisch damit vermengen und mit Sojasauce, Zucker, Salz und Pfeffer würzen.

Die Eier in Eiswasser abschrecken und pellen. Das Hackfleisch in fünf Portionen teilen. Eine Portion in der Handfläche flach drücken, ein Ei darauflegen und vorsichtig in die Füllung wickeln. Sanft wie einen Schneeball zwischen den Händen zusammendrücken. Die restlichen Eier ebenso umhüllen. Beiseitestellen.

Für das Topping die Schalotten in dünne Ringe schneiden und mit Mehl bestreuen. Dann in ein Sieb geben und darin schwenken, um überschüssiges Mehl abzuschütteln. Das Frittieröl in einem Topf auf 170 °C erhitzen. Die Schalotten darin goldbraun frittieren. Mit einem Schaumlöffel herausnehmen und beiseitestellen. Dann die getrockneten Chilis knapp 10 Sekunden frittieren.

Für die Panade die restlichen zwei Eier in einer Schüssel verquirlen. Das Mehl in einen tiefen Teller geben und den Panko in einen anderen. Die umhüllten Eier zuerst in verquirltem Ei, dann in Mehl und zuletzt in Panko wenden.

Die panierten Eier im 170 °C heißen Öl etwa 8 Minuten frittieren, dann herausnehmen und auf Küchenpapier abtropfen lassen. 5 Minuten abkühlen lassen, dann halbieren.

Die Eier auf eine Platte legen. Mit Schalotten, Koriander und Chilis garnieren, mit der Sauce beträufeln und servieren.

Für
20 Röllchen

Wartezeit
2 Stunden

Vorbereitung
45 Minuten

Garzeit
8 Minuten

Poh Pia Tod

Frühlingsröllchen mit Schweinefleisch & Garnelen oder Gemüse

20 Teigblätter für Frühlingsrollen (aus Weizen, TK, 21,5 × 21,5 cm)
2 EL Mehl
1 l Öl zum Frittieren

Schweinefleisch-Garnelen-Füllung (für 20 Röllchen)
10 g getrocknete Mu-Err-Pilze
200 g Wasserkastanien (Dose; oder Taro)
230 g Zwiebeln
150 g Karotten
½ Bund Koriander (nach Belieben)
300 g rohe Garnelen ohne Schale
500 g Schweinehackfleisch (Nacken)
13 g Salz
10 g Zucker
½ TL frisch gemahlener weißer Pfeffer

Gemüsefüllung (für 20 Röllchen)
20 g getrocknete Mu-Err-Pilze
60 g Mungobohnen-Vermicelli
230 g Zwiebeln
200 g Karotten
2 große Knoblauchzehen
750 g Spitzkohl (oder Weißkohl)
100 g fester Tofu (nach Belieben)
2 EL Öl
3 EL vegetarische Austernsauce
13 g Salz
10 g Zucker
½ TL frisch gemahlener weißer Pfeffer
½ Bund Koriander (nach Belieben)

zum Servieren
1 Bataviasalat
1 kleines Bund Minze
1 Bund Koriander
süße Chilisauce (Rezept S. 18; oder Sauce für Frühlingsrollen aus dem Asialaden)

1

2

Die Teigblätter etwa 2 Stunden bei Zimmertemperatur auftauen lassen. Die Pilze für die jeweilige Füllung 40 Minuten in kaltem Wasser einweichen.

Für die Schweinefleisch-Garnelen-Füllung Wasserkastanien oder Taro in 3 mm große Würfel schneiden. Zwiebeln hacken und Karotten raspeln. Abgetropfte Pilze und Koriander, falls verwendet, fein hacken. Die Garnelen in knapp 1 cm große Stücke schneiden. Nun alle Zutaten für die Füllung gut miteinander vermengen. Ein wenig von der Masse 15 Sekunden in der Mikrowelle garen, probieren und gegebenenfalls nachwürzen.

Für die Gemüsefüllung die Nudeln 15 Minuten in kaltem Wasser einweichen. Zwiebeln hacken, Karotten raspeln und Knoblauch pressen. Kohl und abgetropfte Pilze fein hacken, den Tofu, falls verwendet, zerbröseln. Die Nudeln abtropfen lassen und in vier Stücke schneiden. Das Öl in einem Wok erhitzen. Zwiebel, Knoblauch und Kohl darin bei mittlerer Hitze 3 Minuten braten. Die Gewürze und die restlichen Zutaten außer dem Koriander zugeben. Weitere 3 Minuten garen. Abschmecken und bei Bedarf nachwürzen. Die Füllung in ein Sieb geben, abtropfen und abkühlen lassen, dann den Koriander, falls verwendet, hacken und dazugeben.

In einer kleinen Schüssel das Mehl mit etwas Wasser zu einem klümpchenfreien »Kleister« verrühren.

Die Weizenblätter vorsichtig voneinander lösen. Mit einem Geschirrtuch abdecken, damit sie nicht austrocknen. Ein Weizenblatt mit der Spitze nach oben auf die Arbeitsfläche legen. Nun 1 gehäuften EL von der Füllung (etwa 60–80 g) daraufgeben und etwas verteilen. Die untere Spitze über die Füllung klappen (**1**), ein Stück aufrollen, dann die seitlichen Spitzen einschlagen (**2**). Weiter aufrollen, bis noch 8–9 cm Teig frei sind.

Die obere Ecke mit etwas »Kleister« bestreichen (**3**) und weiter aufrollen (**4**), dabei die Spitze gut andrücken, damit sich das Röllchen beim Garen nicht öffnet. Auf einen Teller legen. Die weiteren Röllchen ebenso zubereiten.

Das Frittieröl in einer Pfanne oder Fritteuse auf 170 °C erhitzen. Die Röllchen darin portionsweise etwa 8 Minuten goldbraun frittieren. Auf Küchenpapier abtropfen lassen und mit Salatblättern, Minze und Koriander servieren. Die Röllchen in die Sauce dippen und genießen.

TIPP

Die rohen Röllchen können eingefroren werden. Vor dem Frittieren 4 Stunden bei Raumtemperatur auftauen lassen. Es macht nichts, wenn das Innere noch etwas gefroren ist. Vorsicht, beim Einlegen ins heiße Öl kann es spritzen.

3

4

Für etwa 25 Stück	Vorbereitung 1 Stunde 20 Minuten	Wartezeit 45 Minuten	Garzeit 4 Minuten pro Frittiergang (ohne Garzeit der Füllung)

Kari Pap

Teigtaschen mit Hähnchen & Curry

Der Begriff »Kari Pap« kommt vom englischen »Curry Puff« – allerdings wird hier für die Teigtaschen kein Blätterteig verwendet.

1

Teig A
300 g Mehl
1 kleines Ei, verquirlt
1 EL Öl
½ TL Salz

Teig B
150 g Mehl
80 g weiche Butter
½ TL Salz

Füllung
300 g Hähnchenbrustfilet
250 g Kartoffeln
80 g Karotten
1 große Zwiebel
3 große Knoblauchzehen
3 EL Öl
3 EL Nuoc Mam
1 gehäufter TL Zucker
1 gehäufter EL Madras-Curry
1 gehäufter TL Massaman-Currypaste (Rezept S. 86 oder Asialaden)
1 TL gemahlene Kurkuma
½ Bund Koriander
Salz
Pfeffer
1 l Öl zum Frittieren

2

Die Zutaten für Teig A mit 80–100 ml lauwarmem Wasser in eine Schüssel geben und mit der Hand zu einem homogenen Teig verarbeiten. Den Teig auf einer Arbeitsfläche 15 Minuten kneten, bis er sich elastisch anfühlt, dann in zwei gleich große Portionen teilen, in Frischhaltefolie wickeln und 30 Minuten bei Zimmertemperatur ruhen lassen.

Die Zutaten für Teig B in einer Schüssel mit der Hand zu einem glatten, homogenen Teig kneten. Wenn der Teig zu krümelig ist, etwas zerlassene Butter oder Wasser einarbeiten. Den Teig in zwei gleich große Portionen teilen, dann zu Kugeln formen, in Frischhaltefolie wickeln und wie Teig A bei Zimmertemperatur ruhen lassen.

Auf einer bemehlten Arbeitsfläche die erste Portion von Teig A mit einem Nudelholz zu einer Scheibe ausrollen. Eine Kugel aus Teig B vollständig in Teig A einwickeln (**1**). Mit dem Nudelholz flach drücken und zu einem langen Rechteck von etwa 30 × 9 cm ausrollen, wobei die kurze Seite zum Körper zeigt. Dieses Rechteck von unten nach oben wie eine Schnecke aufwickeln, um 90° drehen und wieder ausrollen (**2**). Erneut aufwickeln, in Frischhaltefolie verpacken und in den Kühlschrank legen. Die beiden anderen Teigportionen (A und B) ebenso verarbeiten.

Für die Füllung Hähnchen, Kartoffeln und Karotten in etwa 1 cm große Würfel schneiden. Die Zwiebel in dünne Ringe schneiden. Den Knoblauch pressen. Das Öl in einer Pfanne erhitzen, Zwiebel und Karotten darin bei mittlerer Hitze 5 Minuten anbraten. Kartoffeln, Nuoc Mam, Zucker, Madras-Curry, Massaman-Currypaste und Kurkuma zugeben. Salzen und pfeffern, 50 ml Wasser zugießen und alles 10 Minuten kochen lassen. Gelegentlich umrühren und dabei etwas Wasser nachgießen, wenn die Mischung zu trocken ist. Nun Hähnchen und Knoblauch zugeben, umrühren und weitere 2 Minuten garen. Abschmecken und bei Bedarf nachwürzen. Vollständig abkühlen lassen, dann den Koriander hacken und dazugeben.

Von dem Teig etwa 0,6 cm dicke Scheiben abschneiden. Die schneckenartige Struktur sollte zu sehen sein. Jede Scheibe zu einem Kreis mit 9–10 cm Durchmesser ausrollen (**3**), dann jeweils 1 großen EL Füllung in die Mitte geben und den Teig zu einem Halbmond falten. Die Ränder mit den Fingern fest zusammendrücken (**4**). Fortfahren, bis Teig und Füllung verbraucht sind. Die fertigen Teigtaschen auf einen Teller legen und kühl stellen.

Das Frittieröl auf 180 °C erhitzen. Die Teigtaschen 3–4 Minuten darin backen, bis sie goldbraun sind, dann herausnehmen und auf Küchenpapier abtropfen lassen. Alternativ können die Teigtaschen im vorgeheizten Ofen bei 200 °C 20–25 Minuten gebacken werden. Lauwarm servieren.

TIPP

Teig und Füllung kann man schon am Vortag zubereiten und im Kühlschrank aufbewahren.

3

4

Kari Pap (Rezept S. 38–39)

Khanom Tian (Rezept S. 42–43)

Für
25 Stück | Vorbereitung
2 Stunden | Wartezeit
4 Stunden | Garzeit
25 Minuten

Khanom Tian

Reismehlbällchen mit Schweinefleisch & gelben Bohnen

Der Name dieser salzig-süßen und gut gepfefferten Bällchen bedeutet wörtlich »Kerzenkuchen«, weil sie traditionell nur nachts bei Kerzenlicht an Festtagen gegessen werden.

1

2

3

Füllung
200 g Mungobohnen
3 EL Öl
6 Knoblauchzehen
150 g Schweinehackfleisch (Bauch)
25 g Rohrohrzucker
1 leicht gehäufter TL Salz
1 leicht gehäufter TL frisch gemahlener weißer Pfeffer

Teig
400 g Klebreismehl
1 TL Salz

zum Einwickeln
1 Paket Bananenblätter
100 ml Öl

außerdem
Dampfgarer

Für die Füllung die Mungobohnen 4 Stunden in Wasser einweichen. Anschließend 30 Minuten im Dampf garen. In eine Schüssel geben und mit der Rückseite eines großen Löffels zerdrücken. Das Öl in einer Pfanne erhitzen. Den Knoblauch hineinpressen und goldbraun braten, dann das Schweinefleisch zugeben und mit einem Löffel fein zerbröseln. Die Gewürze hinzufügen und die zerdrückten Bohnen dazugeben. Alles 2 Minuten unter Rühren braten, dann herausnehmen und abkühlen lassen. Die Füllung zu 25 Bällchen von etwa 20 g formen.

Die Bananenblätter auseinanderfalten und 25 Rechtecke von 18,5 × 24 cm ausschneiden. Aus den Resten kleinere Rechtecke von 8,5 × 10 cm zuschneiden. Die zugeschnittenen Blätter unter Wasser reinigen und mit einem sauberen Schwamm über jedes Blatt streichen. Die restlichen Blätter zusammenfalten und für späteren Gebrauch einfrieren (siehe S. 252).

Die großen Rechtecke vorsichtig in der Mitte falten. Die Ecken so zuschneiden, dass beim Auseinanderfalten des Blattes ein Oval entsteht.

Anschließend ein kleines Rechteck in die Mitte jedes Ovals legen (mit der matten Seite nach oben) und mit etwas Öl einpinseln. Alle fertigen Blätter übereinanderlegen und beiseitestellen.

Für den Teig das Mehl in eine Schüssel geben. Das Salz in 360 ml lauwarmem Wasser auflösen und das Salzwasser allmählich zum Mehl gießen, dabei mit der Hand vermischen. So lange kneten, bis der Teig schön weich, geschmeidig und glatt ist. Die Masse in 25 Bällchen von etwa 30 g teilen.

Nun die Hände leicht einölen. Ein Teigbällchen in der Handfläche flach drücken. Ein Bällchen von der Füllung in die Mitte legen und vollständig in den Teig einwickeln (**1**). Wiederholen, bis Teig und Füllung verbraucht sind.

Den unteren Teil eines Bananenblatts zu einer Tüte drehen (**2–3**). Ein Reismehlbällchen hineinlegen. Die Tüte mit der Füllung zusammendrücken, sodass ein flacher Boden entsteht (**4**). Dann die seitlichen Kanten einschlagen (**5**). Den oberen Rand unter die Faltungen schieben, sodass eine Pyramidenform entsteht (**6**). Alle Teigkugeln auf diese Weise einwickeln.

Die gefüllten Bananenblätter 25 Minuten im Dampf garen. Lauwarm oder kalt servieren.

4

5

6

Salate & Dips

Papaya und Mango schneiden

Der unregelmäßige Schnitt macht die Qualität eines Papayasalats aus. Traditionell verwendet man dafür ein Messer mit einer breiten, scharfen Klinge. Ersatzweise kann ein Sparschäler verwendet werden. Wählen Sie eine feste, frische und knackige Papaya aus Thailand, Laos oder Kambodscha. Spanische grüne Papayas eignen sich nicht für diesen Schnitt, da sie eine weichere, gummiartige Konsistenz haben.

Die Papaya schälen und abspülen. Rechtshänder nehmen die Papaya in die linke Hand. Nun mit einer scharfen Messerklinge auf die Frucht klopfen, sodass tiefe Einschnitte entstehen (**1**). Dann der Länge nach dünne Streifen von der Papaya abschneiden (**2**). Dabei die Papaya immer wieder um 90° drehen. So verfahren, bis die Samen sichtbar werden. Die Samen entfernen. Reststücke von Papayas kann man gut für die Suppe *Gaeng Som* (Rezept S. 124) oder für Wokgerichte mit Gemüse verwenden.

In manchen asiatischen Supermärkten kann man eine sehr praktische Raspel für grüne Papayas kaufen. Mit diesem Werkzeug erhält man Streifen, die den manuell geschnittenen sehr nahe kommen (**3**).

Diese Schnitttechnik wird auch für grüne Mangos angewandt. Kaufen Sie säuerliche grüne Mangos aus Südostasien. Diese Mangosorte wird nur für Salate verwendet oder als Knabberei in eine süße Chilisauce gedippt.

1

2

3

Für
2–4 Personen | **Vorbereitung**
35 Minuten

Som Tam

Papayasalat

Aus Bangkok stammt das klassische, leicht süßliche Thai-Rezept mit Erdnüssen. Im Norden Thailands nahe der Grenze zu Laos würzt man den Papayasalat mit einer fermentierten Fischsauce. Einige Restaurants in Europa bieten beide Versionen an. Servieren Sie diese Salate mit zartem Kohl und geschnetzeltem Schweinefleisch *(Kia Moo* oder *Chicharon).*

Som Tum Thai Thailändischer Papayasalat

250 g grüne Papaya
1 Karotte
1 Tomate
50 g grüne Bohnen (oder 3 Meterbohnen; nach Belieben)
3 EL ungesalzene Erdnüsse, geröstet

Sauce
2 Knoblauchzehen
1–2 rote Chilis (nach Geschmack)
70 g Palmzucker
1 EL getrocknete Garnelen (nach Belieben)
Saft von 2 Limetten
4 EL Nuoc Mam

Papaya und Karotte in Streifen schneiden oder raspeln (siehe S. 47). Die Tomate in Viertel schneiden. Falls Bohnen verwendet werden, die Enden entfernen und die Bohnen in Stücke schneiden.

Für die Sauce Knoblauch und Chili in einem großen Mörser (siehe S. 260) zu einer Paste verarbeiten. Den Palmzucker zugeben und mit dem Stößel zerdrücken. Die Garnelen hinzufügen, falls verwendet, und zerstampfen. Limettensaft und Nuoc Mam dazugeben und alles gut vermischen.

Papaya, Karotte, Bohnen und Tomate in den Mörser geben. Mit einer Hand stampfen und mit der anderen Hand mit einem Löffel umrühren, sodass das Gemüse gut mit Sauce durchtränkt ist. Zuletzt die Erdnüsse unterheben. Den Salat abschmecken: Er sollte gleichzeitig süß, salzig und sauer sein.

Som Tum Pla Râ Papayasalat mit fermentierter Fischsauce

250 g grüne Papaya
1 Karotte
1 Tomate

Sauce
2 Knoblauchzehen
1–2 rote Chilis (nach Geschmack)
30 g Palmzucker
Saft von 2 Limetten
2 EL fermentierte Fischsauce *(Padaek)*
1 EL Nuoc Mam

Papaya und Karotte in Streifen schneiden oder raspeln (siehe S. 47). Die Tomate in Viertel schneiden.

Für die Sauce Knoblauch und Chili in einem großen Mörser (siehe S. 260) zu einer Paste verarbeiten. Den Palmzucker zugeben und mit dem Stößel zerdrücken. Limettensaft, fermentierte Fischsauce und Nuoc Mam zugießen und alles verrühren.

Papaya, Karotte und Tomate in den Mörser geben. Mit einer Hand stampfen und mit der anderen Hand mit einem Löffel umrühren, sodass das Gemüse gut mit Sauce durchtränkt ist. Den Salat abschmecken: Er ist salziger als der *Som Tum Thai,* aber Zucker und Säure müssen ausgewogen sein.

Wenn Sie keinen Mörser haben: Palmzucker mit Limettensaft und Nuoc Mam verrühren, fein gehackte Chili und Knoblauch dazugeben. Die Sauce über das Gemüse gießen und alles gut mit der Hand vermengen. Für *Som Tum Thai* mit Erdnüssen und den getrockneten, zerkleinerten Garnelen bestreuen.

Für
4 Personen

Vorbereitung
30 Minuten

Garzeit
8 Minuten

Nam Tok

Rindfleischsalat mit Zitronengras

400 g zartes Rindfleisch
(Hüfte, Rumpsteak)
3 Stängel Zitronengras
1 Schalotte
½ Bund Koriander
½ Bund Minze

Sauce
30 g Rohrohrzucker
4 EL Nuoc Mam
1–2 Limetten
1–2 rote Chilis (nach Geschmack)

gerösteter Reis
2 EL Klebreis (nach Belieben)

zum Servieren
1 Salatherz

Beilage
weißer Reis (oder Klebreis)

Das Rindfleisch in mundgerechte Stücke schneiden. Eine Pfanne ohne Fett erhitzen. Das Fleisch hineinlegen und bei mittlerer Hitze auf jeder Seite 2–3 Minuten braten. Die Pfanne 15 Minuten auf ein Küchengitter stellen. In der Zwischenzeit die anderen Zutaten vorbereiten.

Für die Sauce Rohrohrzucker, Nuoc Mam und Saft von 1 Limette verrühren. Die Chilis entkernen, fein hacken und zugeben.

Falls verwendet, den Reis in einer Pfanne ohne Fett bei mittlerer Hitze rösten, bis er braun wird. Mit einem Stößel zerdrücken, bis er zu Pulver zerfällt. Es sollte nicht zu fein sein.

Vom Zitronengras das untere Ende und die äußeren harten Blätter entfernen, das Herz fein hacken. Die Schalotte in dünne Ringe schneiden. Die Blätter von den Kräutern abzupfen. Das erkaltete Fleisch in dünne Streifen schneiden.

Fleisch, Schalotte und Zitronengras in eine Schüssel geben. Falls verwendet, 2 EL gerösteten Reis hinzufügen. Nun langsam unter Rühren die Sauce zugießen. Abschmecken und bei Bedarf mit etwas Nuoc Mam und Limettensaft nachwürzen. Dann die Kräuter hinzufügen.

Den Salat mit den Salatblättern anrichten und dazu weißen Reis oder Klebreis servieren.

Für
4 Personen | **Vorbereitung**
20 Minuten | **Garzeit**
3 Minuten

Yam Talay

Salat mit Garnelen & Jakobsmuscheln

3 Stängel Zitronengras
1 kleine rote Zwiebel
½ Bund Koriander
½ Bund Minze
300 g rohe Garnelen ohne Schale (TK), aufgetaut
8 Jakobsmuscheln

Sauce
1 EL Chilipaste *(Nam Prik Pao)*
4 EL Nuoc Mam
1 EL Rohrohrzucker
Saft von 1 Zitrone

zum Servieren
4 Blätter Bataviasalat
rote Chilis (nach Belieben)

Beilage
weißer Reis (oder Klebreis; nach Belieben)

Vom Zitronengras die unteren Enden und die äußeren harten Blätter entfernen, die Herzen sehr fein schneiden. Die Zwiebel fein hacken. Die Blätter von den Kräutern abzupfen.

Für die Sauce Chilipaste, Nuoc Mam, Zucker und die Hälfte des Zitronensafts verrühren.

Wasser in einem Topf zum Kochen bringen. Garnelen und Jakobsmuscheln darin je nach Größe 2–3 Minuten garen. Abtropfen lassen und in eine Schüssel geben. Zitronengras und Zwiebel sowie einen Teil der Sauce zugeben. Gut mischen, abschmecken und bei Bedarf mit Sauce und Zitronensaft nachwürzen. Zuletzt die Kräuter hinzufügen.

Zum Servieren die Salatblätter in große Stücke zupfen.
Die Chilis, falls verwendet, fein hacken. Eine Platte mit den Salatblättern belegen und den Salat darauf anrichten. Dazu schmeckt weißer Reis oder Klebreis.

TIPP
Die Abfälle vom Zitronengras können Sie einfrieren und zum Aromatisieren von Currys oder Suppen verwenden.

VARIANTE
Statt Jakobsmuscheln kann man auch Tintenfisch verwenden.

Für 2–4 Personen	Vorbereitung 20 Minuten	Garzeit 5 Minuten

Laarb Gai

Salat mit Hähnchen und geröstetem Reis

2 EL Klebreis
1 große Schalotte
5 Stängel Koriander
3 Stängel Minze
300 g Hackfleisch (von der Hähnchenbrust)
Salz
1 TL Chilipulver (nach Geschmack)

Sauce
1 EL Rohrohrzucker
Saft von 1 Limette
3 EL Nuoc Mam

zum Servieren
¼ Bio-Gurke
3 Blätter Bataviasalat

Beilage
weißer Reis (oder Klebreis; nach Belieben)

Den Reis in einer Pfanne ohne Fett bei mittlerer Hitze rösten, bis er braun wird. In einem Mörser oder Mixer zu einem nicht zu feinen Pulver verarbeiten.

Die Schalotte in dünne Ringe schneiden. Die Blätter von den Kräutern abzupfen. Die Gurke halbieren und in Scheiben schneiden.

Alle Zutaten für die Sauce miteinander verrühren.

In einem Topf 300 ml Wasser mit etwas Salz zum Köcheln bringen. Das Hähnchenfleisch zugeben und 2–3 Minuten garen, dabei umrühren, damit die Stücke nicht zusammenkleben. Das gekochte Fleisch in eine Schüssel geben.

Schalotte, 2 EL zerstoßenen gerösteten Reis, Chilipulver und die Hälfte der Sauce zum Fleisch geben. Sorgfältig umrühren, abschmecken und bei Bedarf mit mehr Sauce und Nuoc Mam nachwürzen.

Mit dem Bataviasalat und der Gurke anrichten. Als Beilage kann weißer Reis oder Klebreis gereicht werden.

TIPP
Bitten Sie Ihren Fleischer darum, die Hähnchenbrust durch den Fleischwolf zu drehen. Wenn das nicht möglich ist, hacken Sie das Hähnchen zu Hause möglichst fein mit einem scharfen Messer.

Für
4 Personen

Vorbereitung
30 Minuten

Garzeit
7 Minuten

Yam Som-O

Grapefruitsalat

300 g rohe Garnelen ohne Schale (TK), aufgetaut
2 Schalotten
1 EL Mehl
½ Bund Minze
½ Bund Koriander
100 ml Öl zum Frittieren
1 Handvoll Kokoschips
1 Pomelo (am besten aus Thailand)
3 EL ungesalzene Erdnüsse, geröstet

Sauce
80 g Rohrohrzucker
4 EL Nuoc Mam
Saft von ½ Limette

Die Garnelen salzen und kühl stellen. Die Schalotten in dünne Ringe schneiden und mit Mehl bestreuen, dann in ein Sieb geben und darin schwenken, um überschüssiges Mehl abzuschütteln. Die Blätter der Kräuter von den Stängeln abzupfen.

Das Öl in einem Topf auf 170 °C erhitzen. Die Schalotten darin frittieren. bis sie an die Oberfläche steigen und goldbraun und knusprig sind. Zum Abtropfen auf Küchenpapier geben und beiseitestellen.

Für die Sauce Zucker, Nuoc Mam und 2 EL Limettensaft verrühren, bis der Zucker sich aufgelöst hat.

Die Kokoschips in einer Pfanne ohne Fett bei mittlerer Hitze rösten, bis sie anfangen, Farbe anzunehmen. Dann sofort vom Herd nehmen und beiseitestellen.

Wasser in einem Topf zum Kochen bringen. Die Garnelen darin knapp 2 Minuten garen, abtropfen und abkühlen lassen.

Die Pomelo vollständig schälen und die Segmente zwischen den Häuten herauslösen. Große Segmente in zwei oder drei Stücke schneiden.

Pomelo und Garnelen in einer Schüssel vermengen. Einen Teil der Sauce darübergießen, dann Schalotten, Kräuter, Kokoschips und Erdnüsse hinzufügen. Den Salat umrühren, abschmecken und bei Bedarf mit mehr Sauce und Limettensaft nachwürzen.

TIPP
Gießen Sie das Frittieröl von den Schalotten durch ein feines Sieb in ein Schraubglas. Es kann zum Braten von Reis oder Nudeln verwendet werden.

Für 6 Personen	Vorbereitung 40 Minuten	Wartezeit 20 Minuten	Garzeit 10 Minuten

Yam Wun Sen

Glasnudelsalat mit Schweinefleisch & Garnelen

12–18 rohe Garnelen ohne Schale (TK), aufgetaut
200 g Mungobohnen-Vermicelli
1 kleine rote Zwiebel
2 Stangen Sellerie
½ Bund Koriander
½ Bund Minze
200 g Schweinehackfleisch (oder Hackfleisch vom Hähnchen)
3 EL geröstete, gesalzene Erdnüsse

Sauce
90 g Rohrohrzucker
4 EL Nuoc Mam
Saft von 2 Limetten
1 TL Salz
2 EL Sriracha

Die Garnelen salzen und in den Kühlschrank stellen.

Die Glasnudeln 15–20 Minuten in einer großen Schüssel mit kaltem Wasser einweichen.

Zwiebel und Sellerie in kleine Stücke schneiden. Die Kräuter grob hacken.

Alle Zutaten für die Sauce in einer Schüssel verrühren.

Wasser in einem Topf zum Kochen bringen. Die Garnelen darin 1–2 Minuten garen, dann mit einem Schaumlöffel herausnehmen und beiseitestellen. Die Glasnudeln in das kochende Wasser geben und 3–4 Minuten garen. Eine Nudel probieren, um zu sehen, ob sie gar ist.

2 Schöpfkellen von dem Nudelkochwasser in eine kleine Schüssel füllen, dann die Nudeln abgießen.

Das abgenommene Nudelkochwasser wieder in den Topf geben. Das Hackfleisch hinzufügen und 3–5 Minuten garen. Zwischendurch umrühren, um größere Brocken zu zerkleinern. Dann 4 EL Sauce untermischen.

Nudeln, Fleisch samt Garflüssigkeit, Garnelen, Zwiebel und Sellerie in eine große Schüssel geben. Die Sauce langsam hinzugießen, zwischendurch abschmecken. Kräuter und Erdnüsse unterheben und sofort servieren.

Für
2–4 Personen | Vorbereitung
15 Minuten | Garzeit
45 Minuten

Yam Makeua Yao

Auberginensalat

2 Auberginen
½ rote Zwiebel
1 rote Chili
5 Stängel Koriander
3 Stängel Minze

Sauce
1 große Knoblauchzehe
30 g Rohrohrzucker
4 EL Nuoc Mam
Saft von 1 Limette

Beilagen (nach Belieben)
Reis
Eier, hart gekocht

Den Backofen auf 220 °C vorheizen. Die Auberginen einzeln in Alufolie einwickeln und 45 Minuten im Ofen garen.

Die Auberginen aus dem Ofen nehmen, aus der Folie wickeln und etwas abkühlen lassen. Nun die Haut abziehen. Das Fruchtfleisch in Stücke schneiden und in einem Sieb abtropfen lassen.

In der Zwischenzeit Zwiebel und Chili hacken. Die Blätter der Kräuter abzupfen und grob hacken.

Für die Sauce den Knoblauch fein hacken. Zucker, Nuoc Mam, die Hälfte des Limettensafts und den Knoblauch verrühren.

Das Auberginenfleisch in einer Schüssel mit Zwiebel, Chili und einem Teil der Sauce vermischen. Abschmecken und bei Bedarf mit mehr Sauce und Limettensaft nachwürzen. Die Kräuter unterheben.

Dazu kann Reis serviert werden. Gehaltvoller wird der Salat, wenn man noch hart gekochte, geviertelte Eier hinzufügt.

Für
2–4 Personen | Vorbereitung
35 Minuten | Garzeit
30 Minuten

Yam Hua Plee

Bananenblütensalat mit Hähnchen

Die Bananenblüte schmeckt überhaupt nicht wie eine Banane. Ihr subtiler, milder Geschmack erinnert eher an Palmherz, junge frische Kokosnuss und Artischocke.

150 g Hähnchenbrustfilet
Salz
Saft von 1 Zitrone
1 Bananenblüte
1 Schalotte
4 Stängel Minze
6 Stängel Koriander
2 EL Kokoschips, geröstet
2 EL ungesalzene Erdnüsse, geröstet

Sauce
5 EL Kokoscreme
1 TL Chilipaste *(Nam Prik Pao)*
2 EL Tamarindenmark (Rezept S. 255 oder Asialaden)
1 gehäufter TL Rohrohrzucker
Saft von ¼ Limette

In einem Topf Salzwasser zum Kochen bringen. Das Hähnchenbrustfilet hineinlegen, den Topf abdecken und vom Herd nehmen. Das Fleisch 30 Minuten in der Restwärme ziehen lassen. So wird es gar, bleibt aber saftig.

Alle Zutaten für die Sauce miteinander verrühren. Dabei ist wichtig, die Chilipaste gleichmäßig zu verteilen.

Eine große Schüssel mit kaltem Wasser bereitstellen und den Zitronensaft hineingeben. Die Bananenblüte vorbereiten (siehe S. 248): Das untere Ende der Blüte abschneiden und die äußeren Blätter entfernen, falls sie welk sind. Das weiße Herz in feine Streifen schneiden und diese sofort ins Zitronenwasser legen, damit sie sich nicht dunkel verfärben. Durch das Wässern lassen sich später auch die bitteren kleinen Blütenstempel leichter entfernen.

Das Hähnchenfleisch abgießen und mit der Hand in Stücke zupfen. In eine Servierschüssel geben. Die Bananenblüte abgießen und die Blütenstempel sorgfältig entfernen. Die Blütenstreifen zum Fleisch in die Schüssel geben.

Die Schalotte fein hacken und die Blätter von den Kräutern abzupfen.

Einen Teil der Sauce über Hähnchen und Bananenblüte geben, gut umrühren und abschmecken. Bei Bedarf nachwürzen. Schalotte, Kräuter, Kokoschips und Erdnüsse untermischen und sofort servieren.

Für 2–4 Personen	Vorbereitung 20 Minuten	Garzeit 10 Minuten	Wartezeit 15 Minuten

Yam Ped

Salat mit Entenbrust

2 EL Klebreis
1 Entenbrust
1 Schalotte
4 Stängel Minze
6 Stängel Koriander

Sauce
30 g Rohrohrzucker
2–3 EL Nuoc Mam
1 EL Tamarindenmark
(Rezept S. 255 oder Asialaden)
Saft von ½ Limette
1 rote Chili

Beilage
Reis (oder Klebreis)

Den Reis in einer Pfanne ohne Fett bei mittlerer Hitze goldbraun rösten. Abkühlen lassen und in der Kaffeemühle oder in einem Mörser zerkleinern. Das Pulver sollte nicht zu fein sein.

Die Haut der Entenbrust ablösen. Ein Stück Haut in eine Pfanne legen und bei mittlerer Hitze braten, bis es etwas Fett abgibt. Die Entenbrust hineingeben und auf jeder Seite etwa 4 Minuten braten. Dann vom Herd nehmen und mindestens 15 Minuten auf einem Rost ruhen lassen.

Für die Sauce Rohrohrzucker, Nuoc Mam, Tamarindenmark und Limettensaft verrühren. Gehackte Chili (nach Belieben entkernt) zugeben.

Die Schalotte in feine Ringe schneiden und die Blätter von den Kräutern abzupfen und grob hacken. Die Entenbrust in dünne Scheiben schneiden.

Schalotte und Entenbrust in eine Schüssel geben, einen Teil der Sauce dazugeben und verrühren. Den gerösteten Reis hinzufügen. Abschmecken und bei Bedarf nachwürzen. Die Kräuter erst im letzten Moment zugeben.

Mit Reis oder Klebreis servieren.

SHRIMP

Für 4 Personen	Vorbereitung 20 Minuten	Garzeit 8 Minuten	Wartezeit 15 Minuten

Sao Nam

Reisnudelsalat mit Ananas, Kokosmilch & Garnelen

600 g Reis-Vermicelli
400 ml Kokosmilch
16–20 rohe Garnelen ohne Schale (TK), aufgetaut
50 g Ingwer
1 kleine Ananas
1 Limette
2–3 grüne Chilis (nach Geschmack)
60 g ungesalzene Erdnüsse, geröstet
6 Stängel Minze

Sirup
110 g Palmzucker
3½ EL Nuoc Mam

Die Reis-Vermicelli nach Packungsanweisung kochen. Abtropfen lassen und gründlich mit kaltem Wasser abspülen. Erneut abtropfen lassen. Eine kleine Menge Nudeln entnehmen, zu einem Nest rollen und zwischen den Händen ausdrücken, um das gesamte Wasser zu entfernen. Mit den restlichen Nudeln wiederholen.

Die Kokosmilch in einem Topf zum Kochen bringen, dann abkühlen lassen.

Für den Sirup den Palmzucker grob hacken und in einem Topf mit der Nuoc Mam schmelzen, bis ein dickflüssiger Sirup entsteht. Abkühlen lassen.

Die Garnelen salzen und in den Kühlschrank stellen.

Den Ingwer in feine Streifen schneiden. Die Ananas in mundgerechte, gleichmäßige Stücke teilen. Die Limette vierteln. Die Chilis in dünne Ringe schneiden, dabei nach Belieben die Kerne entfernen. Ingwer, Ananas, Limette und Chili ebenso wie Erdnüsse und Minze jeweils in eine kleine Servierschale geben.

Wasser in einem Topf zum Kochen bringen und die Garnelen darin 1–2 Minuten garen. Anschließend abgießen und abtropfen lassen.

Alle Zutaten auf einem großen Tablett anrichten. Jeder Gast nimmt sich Nudeln, Beilagen und Minze und würzt nach Geschmack mit Sirup und Kokosmilch. Vor dem Verzehr alles gut verrühren.

Für
2 Personen | **Vorbereitung**
5 Minuten | **Garzeit**
8 Minuten

Yam Mama

Salat mit Instantnudeln & Hackfleisch

***Mama* heißt die mit Abstand beliebteste Instant-Nudelmarke in Thailand. Viele Straßenstände bieten kleine, preiswerte Gerichte mit diesen Nudeln an. Sie stehen vor allem bei Studenten und Arbeitern hoch im Kurs.**

Sauce
1 EL Zucker
1 EL Nuoc Mam
Saft von ½ Limette

Salat
4 Stängel Koriander
3 Beutel *Mama*-Instantnudeln (Geschmacksrichtung *Tom Yum*, Shrimps)
1 EL Nuoc Mam
100 g Hackfleisch (von Hähnchen oder Schwein)

Für die Sauce Zucker, Nuoc Mam, Limettensaft und nach Geschmack das Chilipulver aus den Instantnudel-Beuteln in einer Schüssel verrühren.

Für den Salat den Koriander hacken.

Die Nudeln in einem Topf mit kochendem Wasser nach Packungsanweisung garen, dann mit einem Schaumlöffel herausnehmen und in eine Schüssel geben.

100 ml Kochwasser von den Nudeln aufbewahren, den Rest weggießen. Das Nudelwasser wieder in den Topf geben. 1 EL Nuoc Mam und das Hackfleisch zugeben. Bei starker Hitze unter kräftigem Rühren kochen, dabei das Hackfleisch mit einem Löffel zerbröseln. Das gegarte Fleisch sofort zu den Nudeln geben.

Die Sauce hinzufügen, umrühren und abschmecken. Bei Bedarf nachwürzen. Den gehackten Koriander unterheben. In Schalen füllen und servieren.

MAMA

Für
2 Personen | **Vorbereitung**
10 Minuten | **Garzeit**
4 Minuten

Pla Too Raad Prik

Salat mit gegrillter Makrele

1 Stängel Zitronengras
1 Schalotte
2 rote Chilis (nach Belieben)
3 Stängel Koriander
2 Stängel Minze
1 TL Öl
2 frische Makrelenfilets (mit Haut, à ca. 250 g)

Sauce
1 leicht gehäufter EL Rohrohrzucker
2 EL Nuoc Mam
Saft von ½ Limette

Vom Zitronengras das untere Ende und die äußeren harten Blätter entfernen, dann das Innere fein hacken. Schalotte und Chilis, falls verwendet, ebenfalls hacken. Die Blätter der Kräuter abzupfen.

Das Öl in einer Pfanne erhitzen. Die Makrelenfilets salzen und auf der Hautseite bei mittlerer Hitze etwa 4 Minuten braten, bis die Haut goldbraun und knusprig ist.

In der Zwischenzeit alle Zutaten für die Sauce miteinander verrühren.

Die Makrelenfilets auf einen Teller legen. Zitronengras und Schalotte darauf verteilen. Mit der Sauce übergießen und mit Kräutern bestreuen.

VARIANTE
Sie können das Makrelenfleisch auch in große Stücke zerpflücken und mit der Sauce, den Gewürzen und den grob gehackten Kräutern vermischen.

Für
4 Personen

Vorbereitung
35 Minuten

Laarb Dip Salmon

Lachstatar mit Zitronengras

1 Schalotte
15 g Galgant
1 Stängel Zitronengras
3 Kaffirlimettenblätter
3 Stängel Thai-Basilikum
3 Stängel Dill
3 Stängel Koriander
2 Stängel Minze
300 g Lachsfilet ohne Haut (Sushi-Qualität)

Sauce
Saft von 1–2 Limetten
1 TL Rohrohrzucker
2 EL Nuoc Mam
1 TL Garnelenpaste (oder 1 EL Nuoc Mam)
2 rote Chilis (nach Belieben)

zum Servieren
1 kleine Fenchelknolle

Beilage
weißer Reis (nach Belieben)

Die Schalotte fein hacken. Den Galgant zuerst in dünne Scheiben, dann in Streifen schneiden und schließlich fein würfeln. Vom Zitronengras das untere Ende und die äußeren harten Blätter entfernen, das Herz fein hacken. Die Mittelrippen der Kaffirlimettenblätter entfernen, die Blätter zusammenrollen und in möglichst feine Streifen schneiden. Die Blätter der Kräuter von den Stängeln zupfen, einen Teil davon grob hacken. Den Lachs in 5 mm große Würfel schneiden.

Für die Sauce den Saft von 1 Limette mit Rohrohrzucker, Nuoc Mam und Garnelenpaste verrühren. Die Chilis, falls verwendet, hacken und hinzugeben.

Den Fenchel zum Servieren in hauchdünne Scheiben hobeln.

Lachs, Schalotte, Zitronengras, Kaffirlimettenblätter und Galgant in einer Schüssel mischen. Mit einem Teil der Sauce übergießen. Umrühren, abschmecken und bei Bedarf mit mehr Sauce und/oder Limettensaft nachwürzen. Mit dem Fenchel anrichten.

Zum Lachstatar kann weißer Reis serviert werden.

Für
4 Personen | Vorbereitung
30 Minuten | Garzeit
10 Minuten

Laarb Dip

Rindfleisch Tatar mit geröstetem Reis

2 große EL Klebreis (oder Thai-Reis)
2 Stängel Zitronengras
2 Schalotten
40 g Galgant
4 Frühlingszwiebeln
4 Stängel Koriander
3 Stängel Minze
300 g Beefsteak

Sauce
Saft von 1–2 Limetten
1 TL Rohrohrzucker
2 EL Nuoc Mam
1,5 EL fermentierte Fischsauce (*Padaek;* oder 1 EL Nuoc Mam)
2 rote Chilis (nach Belieben)

zum Servieren
1 Staude Chicorée
¼ Bio-Gurke
1 Handvoll Rucola

Beilage
Klebreis (oder weißer Reis)

Den Reis in einer Pfanne ohne Fett bei mittlerer Hitze goldbraun rösten. Abkühlen lassen, dann in der Kaffeemühle oder in einem Mörser zerkleinern. Das Pulver sollte nicht zu fein sein.

Das untere Ende und die äußeren harten Blätter vom Zitronengras entfernen, das Herz fein schneiden. Die Schalotten in dünne Ringe schneiden. Den Galgant zuerst in dünne Scheiben, dann in Streifen schneiden und schließlich fein würfeln. Die Frühlingszwiebeln in feine Ringe schneiden. Die Blätter der Kräuter von den Stängeln abzupfen und grob hacken.

Für die Sauce den Saft von 1 Limette mit Rohrohrzucker, Nuoc Mam und Fischsauce verrühren. Die Chilis, falls verwendet, hacken und hinzugeben.

Das Gemüse zum Servieren vorbereiten: den Chicorée in einzelne Blätter zerteilen. Die Gurke in Scheiben schneiden.

Das Beefsteak mit einem scharfen Messer in sehr kleine Würfel schneiden.

Fleisch, Zitronengras, Schalotten, Galgant, Frühlingszwiebeln und 2 EL Reispulver in einer Schüssel vermengen. Einen Teil der Sauce dazugeben. Umrühren, abschmecken und bei Bedarf mit mehr Sauce und Limettensaft nachwürzen. Die Kräuter unterheben.

Den Salat mit Chicorée, Gurkenscheiben und Rucola anrichten. Dazu passt Klebreis oder weißer Reis.

Für 4 Personen	Vorbereitung 40 Minuten	Garzeit 25 Minuten

Nam Prik Kapi

Würziger Garnelendip

Dip
35 g getrocknete Garnelen
3 große Knoblauchzehen
1–2 rote Thai-Chilis (nach Geschmack)
30 g Rohrohrzucker
45 g Garnelenpaste *(Kapi)*
Saft von 2–3 Limetten
30 g Erbsenauberginen (nach Belieben)

Beilagen
½ Spitzkohl oder Weißkohl
400–500 g Kürbis (z. B. Kabosha, Hokkaido, Butternuss)
100 g Okra (oder ½ Bio-Gurke)
200 g Wasserspinat (oder grüne Bohnen)
400 g Makrele (oder 500 g Sardinen)
Öl zum Frittieren (nach Belieben)
Reis (oder Klebreis; nach Belieben)

außerdem
Dampfgarer

Für den Dip die getrockneten Garnelen im Mixer zerkleinern. Knoblauchzehen und Chili im Mörser zerstoßen (oder im Mixer pürieren). Alles mit Zucker, Garnelenpaste, 40 ml Wasser und dem Saft von 2 Limetten verrühren. Den Dip abschmecken und bei Bedarf mit Limettensaft nachwürzen. Der sauer-salzige Geschmack der Sauce soll durch den Zucker leicht gemildert werden.

Die Erbsenauberginen, falls verwendet, mit der Breitseite einer großen Messerklinge vorsichtig zerdrücken und mit der Sauce vermischen, damit sie gut durchtränkt sind. Beiseitestellen.

Für die Beilagen den Kohl vierteln. Den Kürbis schälen und in 1 cm breite Scheiben schneiden. Kohl, Kürbis und Okra zusammen 10–15 Minuten im Dampf garen. Probieren und bei Bedarf die Garzeit verlängern. Auf einer großen Platte anrichten und beiseitestellen. (Falls Gurke verwendet wird: Gurke in Scheiben schneiden und auf die Platte geben.)

Wasser in einem Topf zum Kochen bringen. Den Wasserspinat oder die grünen Bohnen 1–2 Minuten darin blanchieren. Abtropfen lassen und auf der Platte anrichten.

Die Makrelen oder Sardinen leicht salzen und 6 Minuten in heißem Öl frittieren oder 10 Minuten unter dem Backofengrill garen, dabei nach der Hälfte der Garzeit wenden. Auf die Platte legen.

Jeder Gast bedient sich nach eigenem Belieben von der Platte und tunkt Gemüse und Fisch in den Dip.

Dazu kann Reis oder Klebreis serviert werden.

Für
6 Personen | Vorbereitung
25 Minuten | Garzeit
20 + 25 Minuten

Chiang Mai Dips

Nam Prik Ong Dip mit Schweinehackfleisch & Tomaten

5 getrocknete rote Chilis
2 Stängel Zitronengras
3 Schalotten
300 g Kirschtomaten
6 große Knoblauchzehen
2 EL Nuoc Mam
25 g Garnelenpaste *(Kapi)*
2 EL Öl
400 g Schweinehackfleisch
1 gehäufter TL Zucker

Die Chilis halbieren, entkernen und 10 Minuten in eine Schüssel mit Wasser legen. Dann abtropfen lassen und grob hacken. Vom Zitronengras das untere Ende und die äußeren harten Blätter entfernen, das Herz grob hacken. Die Schalotten vierteln, die Kirschtomaten halbieren.

Chilis, Zitronengras und Knoblauch in einem Mixer pürieren. Schalotten, Nuoc Mam und Garnelenpaste zugeben und alles zu einer Paste verarbeiten.

Das Öl in einem Topf erhitzen und die Paste darin 3 Minuten bei mittlerer Hitze anrösten. Schweinehackfleisch, Tomaten und Zucker dazugeben. 100 ml Wasser angießen und alles 10–15 Minuten garen lassen, dabei gut umrühren, um das Hackfleisch zu zerbröseln. Abschmecken und nachwürzen.

Nam Prik Noom Dip mit Chili & grüner Paprika

4 lange grüne Chilis
4 große Schalotten
1 Knolle Knoblauch
1 große grüne Paprika
2 EL Nuoc Mam
¼ TL Salz
1 TL Zucker
Saft von ½ Limette
½ Bund Koriander

Den Backofen auf 220 °C vorheizen. Chilis halbieren und entkernen, Schalotten halbieren. Den Knoblauch in Zehen zerteilen, die Zehen aber nicht häuten.

Chilis, Schalotten, Knoblauchzehen und die ganze Paprika auf ein Backblech legen, die Chilis mit der Haut nach oben, und 10 Minuten in den Ofen geben. Die Chilis herausnehmen, sobald ihre Haut schwarz wird. Paprika, Schalotten und Knoblauchzehen wenden. Weitere 15 Minuten garen, dabei beobachten. Die Schalotten herausnehmen, sobald sie schwarz werden, dann die Knoblauchzehen und schließlich die Paprikaschote, sobald ihre Haut geröstet ist. Abkühlen lassen, dann die Haut und die Kerne der Paprika entfernen. Die weichen Knoblauchzehen aus der Haut drücken.

Alle Zutaten in einen Mörser oder Mixer geben. Nuoc Mam, Salz, Zucker und Limettensaft hinzufügen und alles zu einer Paste pürieren. Abschmecken und bei Bedarf nachwürzen. Kurz vor dem Servieren den Koriander hacken und unterheben.

Die Dips zu knackigem Gemüse nach Wahl, gekochten Eiern und knusprig frittierten Schweineschwarten servieren.

Für
4 Personen | Vorbereitung
25 Minuten | Garzeit
30 Minuten

Dips aus meiner Familie

Diese Dips kommen bei uns zu Familienfeiern oft auf den Tisch. Dazu gibt es verschiedenes Gemüse der Saison wie blanchierte grüne Bohnen oder Kohl, gedünstete Okra oder Kürbis, Gurke, Chicorée, außerdem gegrilltes Huhn, Würstchen, Chicken Wings, Schwarte und duftenden Klebreis.

Nam Prik Makua Thed Tomatendip

300 g Tomaten
4–6 Frühlingszwiebeln (je nach Größe)
3 lange grüne Chilis
6 große Knoblauchzehen
2 EL Nuoc Mam
1 EL fermentierte Fischsauce (*Padaek*, nach Belieben)
½ Bund Koriander

Den Backofen auf 200 °C vorheizen.

Die Tomaten und das Weiße der Frühlingszwiebeln vierteln. Das Grün hacken. Die Chilis halbieren und entkernen. Tomaten, Frühlingszwiebeln, Chilis und Knoblauch auf ein Backblech geben und 20 Minuten im Ofen rösten. Frühlingszwiebeln, Chilis und Knoblauch herausnehmen, sobald sie gut gebräunt sind. Die Tomaten weitere 10 Minuten garen.

Frühlingszwiebeln, Chilis und Knoblauch mit Nuoc Mam in einem Mixer pürieren. Die Tomaten häuten, dann mit einer Gabel zerdrücken. Zum Chili-Zwiebel-Püree geben und umrühren. Die fermentierte Fischsauce, falls verwendet, hinzufügen und abschmecken. Kurz vor dem Servieren den Koriander hacken und hinzufügen.

Nam Prik Hed Dip mit Pilzen

300 g weiße Champignons
6 große Schalotten
3 Frühlingszwiebeln
3 lange grüne Chilis
6 große Knoblauchzehen
3 EL Nuoc Mam

Den Backofen auf 200 °C vorheizen.

Die Champignons in dicke Scheiben schneiden. Die Schalotten in Ringe schneiden. Das Weiße der Frühlingszwiebeln vierteln, das Grüne klein schneiden. Die Chilis halbieren und entkernen. Pilze, Schalotten, Frühlingszwiebeln, Chilis und Knoblauch auf ein Backblech geben und 30 Minuten im Ofen rösten, dabei das Gemüse regelmäßig wenden. Das Gemüse jeweils aus dem Ofen nehmen, wenn es gut gebräunt ist.

Das Gemüse mit der Nuoc Mam in einem Mixer grob pürieren. Abschmecken und bei Bedarf nachwürzen.

SHRIMP PASTE
ÂTE DE CREVETTE (KA-PI)

Currys

Für je 1 kleines Glas (etwa 3–4 Mahlzeiten) | **Vorbereitung 20 Minuten**

Currypasten

Grün

4 lange, grüne Chilis
(für Mutige: 10 grüne Thai-Chilis)
2 Stängel Zitronengras
5 Kaffirlimettenblätter
1 Schalotte
4–5 Knoblauchzehen
½ Bund Koriander
(oder Thai-Basilikum)
6 g Korianderkörner
4 g Kreuzkümmel
2 g weiße Pfefferkörner
10 g Galgant
abgeriebene Schale von 1 Bio-Kaffirlimette *(Combawa)*
½ TL Salz
1 TL Garnelenpaste *(Kapi)*

Die Chilis entkernen und grob hacken. Das untere Ende und die äußeren harten Blätter vom Zitronengras entfernen, das Herz fein hacken. Stiel und Mittelrippe von den Kaffirlimettenblättern entfernen, dann die Blätter fein hacken. Schalotte, Knoblauch und Koriander oder Thai-Basilikum grob hacken. Korianderkörner, Kreuzkümmel und Pfeffer in einem Mörser zerstoßen.

Alle Zutaten im Mörser zu einer Paste verarbeiten. Alternativ in einen Becher geben und mit einem Stabmixer pürieren.

Rot

10 getrocknete rote Chilis, entkernt
1 lange rote Chili
2 Stängel Zitronengras
5 Kaffirlimettenblätter
1 Schalotte
4–5 Knoblauchzehen
10 Korianderstängel (ohne Blätter)
6 g Korianderkörner
4 g Kreuzkümmel
2 g weiße Pfefferkörner
10 g Galgant
abgeriebene Schale von 1 Bio-Kaffirlimette *(Combawa)*
½ TL Salz
1 TL Garnelenpaste *(Kapi)*

Die getrockneten Chilis 30 Minuten in kaltem Wasser einweichen, dann gut abtropfen lassen.

Die rote Chili entkernen und grob hacken. Das untere Ende und die äußeren harten Blätter vom Zitronengras entfernen, das Herz fein hacken. Stiel und Mittelrippe von den Kaffirlimettenblättern entfernen, dann die Blätter fein hacken. Schalotten, Knoblauch und Korianderstängel grob hacken.

Abgetropfte Chilis, Korianderkörner, Kreuzkümmel und Pfeffer in einem Mörser zerstoßen.

Alle Zutaten im Mörser zu einer Paste verarbeiten. Alternativ in einen Becher geben und mit einem Stabmixer pürieren.

Massaman

***Massaman* bedeutet »Muslim«. Dieses Rezept soll auf persische Händler oder die Malayen im Süden Thailands zurückgehen.**

5 getrocknete rote Chilis, entkernt
1 Stängel Zitronengras
1 Schalotte
4–5 Knoblauchzehen
10 Korianderstängel (ohne Blätter)
6 g Korianderkörner
4 g Kreuzkümmel
2 g weiße Pfefferkörner
5 Gewürznelken
6 Kardamomkapseln
5 g gemahlener Zimt
2 g geriebene Muskatnuss
10 g Galgant
½ TL Salz
1 TL Garnelenpaste *(Kapi)*
etwas Öl (nach Belieben)

Die getrockneten Chilis 30 Minuten in kaltem Wasser einweichen, dann gut abtropfen lassen.

Das untere Ende und die äußeren Blätter vom Zitronengras entfernen, das Herz fein hacken. Schalotte, Knoblauch und Korianderstängel grob hacken.

Abgetropfte Chilis, Korianderkörner, Kreuzkümmel, Pfeffer, Gewürznelken und die Samen aus den Kardamomkapseln in einem Mörser zerstoßen.

Die restlichen Zutaten ebenfalls in den Mörser geben und alles zu einer Paste verarbeiten. Alternativ in einen Becher geben und mit einem Stabmixer pürieren. Falls die Paste zu trocken ist, etwas Öl untermischen.

TIPPS ZUR AUFBEWAHRUNG

Von der frisch zubereiteten Currypaste die benötigte Menge für ein Rezept abnehmen. Den Rest durch ein Sieb streichen und mit der Rückseite eines Löffels ausdrücken, um die überschüssige Feuchtigkeit zu entfernen. In ein Glas füllen, mit Frischhaltefolie oder einer dünnen Schicht Öl bedecken und an einem kühlen Platz aufbewahren. So hält die Paste zwei bis drei Tage.

Für 6 Personen | Vorbereitung 25 Minuten | Garzeit 30 Minuten

Kaeng Kiew Wan

Grünes Curry mit Hähnchen und grünem Gemüse

2 Zucchini
1 großer Kohlrabi
1 grüne Paprika
600 g Hähnchenoberkeulen ohne Knochen (ca. 3 Stück)
50 g Galgant
4 Stängel Zitronengras
4 EL Öl
40–50 g grüne Currypaste (Rezept S. 86 oder Asialaden)
12 Kaffirlimettenblätter
40 g Rohrohrzucker
1 TL Salz
6 EL Nuoc Mam
800 ml Kokosmilch
250 g Zuckerschoten

zum Servieren

1 kleines Bund Thai-Basilikum

Beilage

weißer Reis (oder Reis-Vermicelli)

Die Zucchini in 1 cm dicke Scheiben schneiden (besonders dicke Zucchini vorab halbieren). Den Kohlrabi achteln. Die Paprika putzen, entkernen und in Streifen schneiden. Das Hähnchenfleisch in mundgerechte Stücke zerteilen.

Den Galgant in Streifen schneiden. Das Zitronengras in je drei Stücke schneiden und mit einem Nudelholz klopfen, damit sich die Aromen entfalten können.

Das Öl in einen Schmortopf geben und die Currypaste darin bei schwacher Hitze 5 Minuten anrösten. Zitronengras, Galgant und Kaffirlimettenblätter zugeben. 500 ml Wasser angießen, zum Kochen bringen und 10 Minuten bei schwacher Hitze köcheln lassen.

Hähnchen, Kohlrabi, Zucker, Salz und Nuoc Mam zugeben und 8 Minuten garen. Kokosmilch und Zucchini hinzufügen. Alles 5 Minuten köcheln lassen, dabei gelegentlich umrühren. Zuckerschoten und grüne Paprika hinzufügen und 2–3 Minuten mitgaren.

In der Zwischenzeit die Blätter vom Basilikum abzupfen.

Nach der Garzeit ein Stück Gemüse probieren: Es soll noch knackig sein. Abschmecken und bei Bedarf nachwürzen.

Galgant und Zitronengras entfernen. Das Curry mit dem Thai-Basilikum bestreuen.

Mit weißem Reis oder Reis-Vermicelli servieren.

Für
3–4 Personen | **Vorbereitung**
15 Minuten | **Garzeit**
5 Minuten

Gaeng Khiao Waan Khrung Mamuang

Grünes Curry mit Garnelen & Mango

Mein Lieblingsrezept, wenn Gäste kommen und die Zeit knapp ist.

500 g rohe Garnelen ohne Schale (Größe 16/20; TK), aufgetaut
1 große, nicht zu reife Mango
1 EL grüne Currypaste (Rezept S. 86 oder Asialaden)
500 ml Kokosmilch
1 TL Rohrohrzucker
2–3 EL Nuoc Mam
1 Bio-Limette

zum Servieren
1 kleines Bund Thai-Basilikum

Beilage
weißer Reis

Die Garnelen salzen und in den Kühlschrank stellen. Die Mango in gleichmäßige Stücke schneiden.

Die Currypaste in einem Topf oder Schmortopf mit Kokosmilch, Zucker und 2 EL Nuoc Mam zum Kochen bringen. Die Garnelen hineingeben und je nach Größe 1–2 Minuten köcheln lassen.

Abschmecken und bei Bedarf mit Nuoc Mam nachwürzen, dann vom Herd nehmen und die Mangostücke hinzufügen.

Die Schale der Limette fein abreiben, die Basilikumblätter von den Stängeln zupfen.

Kurz vor dem Servieren Limettenschale, einen Spritzer Limettensaft und Thai-Basilikumblätter hinzufügen.

Dazu passt weißer Reis.

Für
6 Personen | **Vorbereitung**
15 Minuten | **Garzeit**
20 Minuten

Gaeng Phed Moo Nor Mai

Rotes Curry mit Schweinefleisch & Bambus

1 Dose Bambussprossen in Streifen (Abtropfgewicht 300 g)
500 g Schweinefilet
40 g Galgant
3 Stängel Zitronengras
4 EL Öl
40 g rote Currypaste (Rezept S. 86 oder Asialaden)
10 Kaffirlimettenblätter
1 TL Salz
4 EL Nuoc Mam
30 g Rohrohrzucker
400 ml Kokosmilch

Beilage
weißer Reis (oder Reis-Vermicelli)

Wasser in einem Topf zum Kochen bringen, die Bambussprossen hineingeben und 5 Minuten blanchieren. Dann abgießen, mit kaltem Wasser abspülen und erneut abtropfen lassen. Dadurch wird der stechende Geruch des Bambus beseitigt.

Das Schweinefilet in sehr dünne Scheiben schneiden. Den Galgant in Streifen schneiden. Das Zitronengras in je drei Stücke schneiden und mit einem Nudelholz klopfen, damit sich das Aroma entfaltet.

Das Öl in einen Schmortopf geben und die Currypaste darin bei schwacher Hitze 5 Minuten anrösten. Dann 350 ml Wasser zugießen und zum Kochen bringen, Galgant, Zitronengras und Kaffirlimettenblätter hinzufügen. Alles 5 Minuten bei schwacher Hitze köcheln lassen, dann Salz, Nuoc Mam, Zucker und Kokosmilch dazugeben.

Wenn das Curry wieder zu köcheln beginnt, das Fleisch und die Bambussprossen hinzufügen. Umrühren und 5–8 Minuten kochen lassen. Abschmecken und bei Bedarf nachwürzen.

Mit weißem Reis oder Reis-Vermicelli servieren.

Für
2–4 Personen

Vorbereitung
15 Minuten

Garzeit
1 Stunde 45 Minuten

Gaeng Phed Ped Sapparot

Rotes Curry mit Ente & Ananas

2 Entenkeulen (800 g)
1 Stängel Zitronengras
40 g rote Currypaste (Rezept S. 86 oder Asialaden)
5 Kaffirlimettenblätter
300 ml Kokosmilch
1 EL Rohrohrzucker
2 EL Nuoc Mam
½ Ananas
150 g Kirschtomaten

zum Servieren
4 Stängel Thai-Basilikum

Beilage
weißer Reis

Einen Bräter einige Sekunden erhitzen, die Entenkeulen mit der Hautseite nach unten hineinlegen und bei mittlerer Hitze 10–12 Minuten braten, bis die Haut goldbraun ist.

In der Zwischenzeit das Zitronengras in drei Stücke schneiden und mit einem Nudelholz klopfen, damit sich das Aroma entfaltet. Den Backofen auf 180 °C vorheizen.

Die Entenkeulen aus dem Bräter nehmen und auf einen Teller legen. Den Bräter nicht reinigen.

Die Currypaste und das Zitronengras in dem Entenfett im Bräter anbraten. Die Kaffirlimettenblätter zugeben, 200 ml Wasser und die Kokosmilch angießen. Zucker und Nuoc Mam unterrühren. Dann die Entenkeulen mit der Hautseite nach oben darauflegen. Zum Kochen bringen, abdecken und 1½ Stunden im Ofen garen.

Gegen Ende der Garzeit die Ananas in gleichmäßige Stücke schneiden und die Kirschtomaten halbieren. Die Basilikumblätter von den Stängeln abzupfen. Dann den Gargrad der Ente prüfen: Das Fleisch sollte sich mit einer Gabel leicht zerpflücken lassen.

Das Fett von der Oberfläche des Currys mit einer Kelle abschöpfen. Ananas und Tomaten zugeben. Vorsichtig umrühren und das Curry 10 Minuten im ausgeschalteten Ofen ruhen lassen.

Kurz vor dem Servieren die Basilikumblätter dazugeben.

Dazu passt weißer Reis.

Für 6 Personen | Vorbereitung 30 Minuten | Garzeit 15–20 Minuten

Gaeng Pa

Dschungel-Curry

Das Dschungel-Curry stammt aus den Waldgebieten um Chiang Mai im Norden Thailands. Es ist eines der wenigen Currys ohne Kokosmilch, da es nur aus Produkten besteht, die im Dschungel gesammelt oder gejagt werden – und Kokosnüsse wachsen in dieser Region Thailands nicht. Statt Wild wird normalerweise Huhn verwendet.

2 Stängel Zitronengras
70 g *Krachai* (Fingerwurz)
400 g Hähnchenoberkeulen (ohne Knochen; ca. 2 Stück)
250 g grüne Bohnen
250 g Thai-Auberginen
100 g Erbsenauberginen
200 g frische Baby-Maiskolben (Asialaden)
4 EL Öl
40 g rote Currypaste (Rezept S. 86 oder Asialaden)
1 EL Rohrohrzucker
3 EL Nuoc Mam
5 Kaffirlimettenblätter
600 ml Brühe (Rezept S. 118, alternativ Hühnerbrühe oder Wasser)

zum Servieren
4 Stängel Thai-Basilikum (nach Belieben)

Beilage
Klebreis (oder weißer Reis)

Das untere Ende und die äußeren harten Blätter vom Zitronengras entfernen (nicht wegwerfen), das Herz fein hacken. *Krachai* in Stücke schneiden. Zitronengras und *Krachai* in einem Mörser zerstoßen. Zur Seite stellen.

Das Fleisch in mundgerechte Stücke schneiden. Die Bohnen putzen und halbieren. Thai-Auberginen in Viertel schneiden, Erbsenauberginen aus den Trauben lösen. Die Baby-Maiskolben halbieren.

Das Öl in einem Schmortopf erhitzen. Currypaste, Zitronengras und *Krachai* 2 Minuten darin anrösten. Zucker, Nuoc Mam, Kaffirlimettenblätter und das Hähnchenfleisch dazugeben. Die Brühe angießen, die grünen Bohnen hinzufügen und alles 8 Minuten köcheln lassen.

Nun die Auberginenviertel hinzufügen und 2 Minuten mitkochen. Erbsenauberginen und Baby-Maiskolben hinzugeben und weitere 3–5 Minuten garen. Die Auberginenviertel und die grünen Bohnen sollten auf der Zunge zergehen, der Mais und die Erbsenauberginen sollten noch Biss haben. Abschmecken und gegebenenfalls nachwürzen.

Vor dem Servieren kann das Curry mit Thai-Basilikum bestreut werden.

Dazu passt Klebreis oder weißer Reis.

TIPP
Krachai wird auch Fingerwurz oder Chinesischer Ingwer genannt. Er gehört zur Familie der Ingwergewächse. Man erhält ihn frisch in vielen Asialäden.

Für
6 Personen

Vorbereitung
20 Minuten

Garzeit
2 ½ Stunden

Gaeng Nua Massaman

Massaman-Curry mit Rind

4 Schalotten
3 Stängel Zitronengras
100 g gesüßtes Erdnussmus
6 Gewürznelken
10 Kardamomkapseln
1 Zimtstange
1,2 kg Rindergulasch
Salz
6 EL Erdnussöl
2 gehäufte EL Massaman-Currypaste
(Rezept S. 86 oder Asialaden)
3 EL Nuoc Mam
800 g Kartoffeln
600 ml Kokosmilch

zum Servieren
50 g ungesalzene Erdnüsse, geröstet

Beilage
weißer Reis

Die Schalotten hacken. Das Zitronengras in drei Stücke schneiden und mit einem Nudelholz klopfen, damit sich das Aroma entfaltet. Das Erdnussmus in eine kleine Schüssel geben und langsam 350 ml Wasser unterrühren.

Nelken, Kardamom und Zimtstange in einer Pfanne ohne Fett bei schwacher Hitze 5 Minuten rösten.

Den Backofen auf 200 °C vorheizen.

Das Fleisch in mundgerechte Stücke schneiden und großzügig salzen.

Das Öl in einem großen Schmortopf erhitzen und das Fleisch darin von allen Seiten goldbraun anbraten, dann herausnehmen. Den Topf nicht reinigen. Im Schmortopf die Currypaste anbraten (**1**). Nelken, Kardamom, Zimt, Zitronengras und Schalotten hinzugeben. Das Fleisch wieder hineingeben, Nuoc Mam und das verdünnte Erdnussmus dazufügen. Die Flüssigkeit sollte das Fleisch vollständig bedecken – falls nötig, etwas mehr Wasser zugeben. Abdecken und alles im vorgeheizten Ofen 1 Stunde 40 Minuten schmoren.

In der Zwischenzeit die Kartoffeln schälen und in gleichmäßige Stücke schneiden. Nach 1 Stunde 40 Minuten In den Topf geben und die Kokosmilch hinzufügen (**2**). Weitere 40–45 Minuten im Ofen schmoren lassen, bis die Kartoffeln gar sind und das Fleisch sich mit einem Löffel zerteilen lässt. Abschmecken und bei Bedarf nachwürzen.

Unmittelbar vor dem Servieren die Erdnüsse grob hacken und über das Curry streuen.

Dazu passt weißer Reis.

1

2

Für
6 Personen | **Vorbereitung**
30 Minuten | **Garzeit**
1 Stunde

Gaeng Hang Lei

Curry mit Schweinefleisch aus Chiang Mai

Das *Hang-Lei-Curry* stammt aus dem Norden Thailands, der von der Kultur der Karen geprägt wird. Dieses Rezept unterscheidet sich von anderen Currys dadurch, dass es Tamarinde und Kurkuma enthält.

Hang-Lei-Currypaste
5 getrocknete rote Chilis, entkernt
1 Stängel Zitronengras
3 Scheiben Galgant
4 Knoblauchzehen
1 gehäufter TL Garnelenpaste *(Kapi)*
1 EL gemahlene Kurkuma

Curry
500 g Schweinebauch mit Schwarte (oder Schweinenacken)
2 Schalotten
30 g Ingwer
3 EL Kokosöl (oder Öl)
25 g Palmzucker
30 g Tamarindenmark (Rezept S. 255 oder Asialaden)
2 EL Nuoc Mam
1 EL dunkle Sojasauce
6 Knoblauchzehen
½ Bund Koriander

Beilage
Reis

Zuerst die Currypaste zubereiten. Dazu die getrockneten Chilis 10 Minuten in einer Schüssel mit Wasser einweichen. Das untere Ende und die äußeren harten Blätter vom Zitronengras entfernen, das Herz grob hacken. Galgant, Knoblauch und abgetropfte Chilis ebenfalls grob hacken. Zitronengras, Galgant, Knoblauch und Chilis mit der Garnelenpaste in einem Mixer zu einer homogenen Paste verarbeiten. Die Kurkuma wird erst beim Garen hinzugefügt, weil sie den Becher des Mixers verfärben könnte.

Das Fleisch in gleichmäßige Stücke von 1,5 × 2 cm schneiden. Die Schalotten fein hacken, den Ingwer in feine Stifte schneiden.

Das Öl in einem Schmortopf erhitzen und die Schalotten darin bei mittlerer Hitze anbraten. Sobald sie Farbe annehmen, Currypaste, Kurkuma und das Fleisch hinzufügen. Alles 2 Minuten braten, dann Zucker, Tamarinde, Nuoc Mam, Sojasauce und 100 ml Wasser dazugeben. Abdecken und 45 Minuten köcheln lassen, dabei immer wieder mal prüfen, ob noch genug Flüssigkeit im Topf ist.

Nach 45 Minuten die Knoblauchzehen und die Hälfte des Ingwers zugeben. Weitere 15 bis 20 Minuten garen, bis das Fleisch schön mürbe ist.

In der Zwischenzeit die Blätter vom Koriander abzupfen und hacken.

Am Ende der Garzeit das Fett mit einem Schaumlöffel von der Oberfläche des Currys abschöpfen. Vom Herd nehmen, Koriander und restlichen Ingwer unterheben.

Mit Reis servieren.

Für
4–6 Personen

Vorbereitung
20 Minuten

Garzeit
3 Stunden

Panaeng Nua

Trockenes Curry mit Rindfleisch

1 kg Rindfleisch (Querrippe oder Schulter)
3 Stängel Zitronengras
4 EL Öl
30 g rote Currypaste (Rezept S. 86 oder Asialaden)
15 Kaffirlimettenblätter
1 TL Salz
30 g Rohrohrzucker
2 EL Nuoc Mam
1 kleine rote Paprika
400 ml Kokosmilch

Beilage
weißer Reis

Das Fleisch in etwa 1 cm dicke Scheiben schneiden. Das Zitronengras in je drei Stücke schneiden und mit einem Nudelholz klopfen, damit das Aroma sich entfaltet.

Das Öl in einem Schmortopf erhitzen und die Currypaste darin bei mittlerer Hitze 3–5 Minuten anrösten. Fleisch, Zitronengras, zehn Kaffirlimettenblätter, Salz, Zucker und Nuoc Mam hinzufügen. 1,5 Liter Wasser zugießen und zum Kochen bringen. Dann die Hitze reduzieren, den Schmortopf abdecken und das Curry 2½ Stunden köcheln lassen. Alternativ das Curry in einem abgedeckten Bräter im Backofen bei 200 °C garen.

Die Paprika putzen und entkernen, das Fruchtfleisch in Streifen schneiden. Von den restlichen fünf Kaffirlimettenblättern die Mittelrippe entfernen. Die Blätter übereinanderlegen, zusammenrollen und so dünn wie möglich schneiden.

Den Gargrad des Fleischs prüfen: Es soll sich mit einem Löffel mit nur leichtem Widerstand zerteilen lassen. Die Kokosmilch hinzufügen. Weitere 30 Minuten bei schwacher Hitze garen. Dann die Paprika hinzufügen und umrühren.

Das Curry abschmecken und gegebenenfalls nachwürzen, dann mit den fein geschnittenen Kaffirlimettenblättern bestreuen.

Mit weißem Reis servieren.

Für 4 Personen	Vorbereitung 10 Minuten	Garzeit 25 Minuten

Choo Chee Pla

Rotes Curry mit Fisch

***Choo-Chee-Curry* stammt aus dem Süden Thailands und wird mit Fisch oder Meeresfrüchten zubereitet. Man kann den Fisch in diesem Rezept daher auch durch Garnelen oder Tintenfisch oder eine Mischung ersetzen. Wichtig ist, dass die Zutaten nicht zu lange gekocht werden.**

500 g Seeteufel oder anderer festfleischiger Fisch (z. B. Seelachs, Barsch, Hechtdorsch)
6–8 Kaffirlimettenblätter
2 EL Kokosöl (oder Öl)
25–40 g rote Currypaste (Rezept S. 86 oder Asialaden)
250 ml Kokoscreme
1 EL Rohrohrzucker
1 EL Nuoc Mam

Beilage
Reis

Den Fisch in gleichmäßige Stücke schneiden. Von den Kaffirlimettenblättern die Mittelrippe entfernen. Die Blätter übereinanderlegen, zu einer Rolle formen und so dünn wie möglich schneiden.

Das Öl in einem Topf oder einer Pfanne erhitzen. Die Currypaste darin bei mittlerer Hitze 3 Minuten anbraten. Kokoscreme, Zucker, Nuoc Mam und die Hälfte der Kaffirlimettenblätter dazugeben und alles 10 Minuten bei mittlerer Hitze kochen lassen. Den Fisch zugeben und weitere 10 Minuten unter gelegentlichem Rühren garen. Abschmecken und bei Bedarf mit Nuoc Mam nachwürzen.

Mit den restlichen Kaffirlimettenblättern bestreuen und mit Reis servieren.

Für 6 Personen | **Vorbereitung 25 Minuten** | **Garzeit 20 Minuten**

Gaeng Na Nao

VEGAN

Curry mit Wintergemüse

300 g Kürbis nach Wahl (z. B. Hokkaido, Kabosha, Butternuss)
300 g Süßkartoffel
300 g Chayote (oder Kohlrabi)
300 g grüne Bohnen
150 g Shimejipilze (oder Champignons)
150 g fester Tofu (oder Tempeh)
3 EL Kokosöl oder Öl
2 große EL Massaman-Currypaste (Rezept S. 86 oder Asialaden)
80 g Erdnussmus
1 leicht gehäufter EL Rohrohrzucker
2 TL Salz
500 ml Kokosmilch

zum Servieren
1 Bio-Limette (nach Belieben)

Beilage
weißer Reis (oder Klebreis)

Kürbis, Süßkartoffel und Chayote in mundgerechte Stücke schneiden. Die grünen Bohnen je nach Größe halbieren oder dritteln. Die Shimeji auseinanderzupfen oder die Champignons je nach Größe in 4–6 Stücke schneiden. Den Tofu oder Tempeh in mundgerechte Stücke schneiden.

Das Öl in einem großen Schmortopf erhitzen. Die Currypaste darin bei mittlerer Hitze 3 Minuten anbraten. Dann 300 ml Wasser zugießen. Das Erdnussmus hinzugeben und unter Rühren auflösen. Zucker, Salz, Kokosmilch und die Kürbis-, Süßkartoffel- und Chayotestücke dazugeben. Abdecken und 10 Minuten köcheln lassen. Tofu und Bohnen zugeben und das Curry weitere 4 Minuten ohne Deckel kochen. Die Pilze zugeben und 2 Minuten unter gelegentlichem vorsichtigem Rühren garen. Abschmecken und gegebenenfalls nachwürzen.

Das Curry kann mit Limettenschale und einem Spritzer Limettensaft verfeinert werden.

Mit einem Reis nach Wahl servieren.

Für 4–6 Personen	Vorbereitung 15 Minuten	Garzeit 25 Minuten

Gaeng Na Ron

Curry mit Sommergemüse

2 kleine Auberginen
2 mittelgroße Zucchini
1 rote Paprika
3 EL Kokosöl (oder Öl)
1–2 EL grüne Currypaste (Rezept S. 86 oder Asialaden)
80 g Sojaprotein
1 leicht gehäufter EL Rohrohrzucker
2 EL Nuoc Mam (oder 1 gehäufter TL Salz)
500 ml Kokosmilch

zum Servieren
1 Bund Thai-Basilikum

Beilage
Reis (oder Reis-Vermicelli)

Auberginen und Zucchini in gleichmäßige Stücke schneiden. Paprikaschote putzen und entkernen, dann in Streifen schneiden.

Das Öl in einem Schmortopf erhitzen. Die Currypaste darin bei mittlerer Hitze 3 Minuten anrösten, dann 250 ml Wasser zugießen. Sojaprotein, Zucker und Nuoc Mam oder Salz hinzufügen und 8–10 Minuten köcheln lassen.

Nun die Kokosmilch zugießen, die Auberginen hinzufügen und 5 Minuten kochen. Die Zucchini zugeben und 3 Minuten mitgaren, dann die Paprika hinzufügen und weitere 2 Minuten kochen.

In der Zwischenzeit die Blätter vom Thai-Basilikum abzupfen.

Am Ende der Garzeit das Curry abschmecken und bei Bedarf nachwürzen. Vom Herd nehmen und mit dem Thai-Basilikum bestreuen.

Mit Reis oder Reis-Vermicelli servieren.

Für
4 Personen

Wartezeit
mindestens 4 Stunden,
besser über Nacht

Garzeit
30 Minuten

Khao Niaow

Klebreis

1

2

In Thailand und Laos wird Klebreis in einem konisch geformten Bambuskorb *(Huad)* gekocht, der auf einen passenden Topf aus Aluminium (1) oder Keramik gestellt wird. Der Korb wird mit einem beliebigen Deckel abgedeckt, und nach der Hälfte der Garzeit wird der Reis mit einem kräftigen Ruck gewendet. Wenn der Reis gekocht ist, wird er in einem anderen Bambuskorb mit Deckel *(Kratip Khao)* aufbewahrt. Der Korb hält den Reis warm und ermöglicht eine gute Luftzirkulation, sodass der Reis nicht zu feucht wird und schön körnig bleibt.
Mit der Hand formt man einen Reiskloß, den man in eine Sauce *(Nam Prik)* dippt oder als Beilage zu verschiedenen Gerichten verwendet.
Die Kegelform des *Huad* sorgt dafür, dass der Dampf durch die Zwischenräume des Korbes aufsteigen und die Reiskörner umhüllen kann. So gart er schön gleichmäßig. Außerdem lässt sich in der Kegelform eine relativ große Menge Reis zubereiten und leicht herausnehmen.

500 g Klebreis mindestens 4 Stunden, besser über Nacht, in einem großen Behälter mit kaltem Wasser einweichen.

Den Reis abgießen und abtropfen lassen. In einem Dampfgarer Wasser zum Kochen bringen. Den Dämpfeinsatz mit einem dünnen, feuchten Tuch auslegen. Den Reis hineingeben (**2**) und 30 Minuten garen, nach der Hälfte der Zeit mit einem Spatel wenden.

Den Reis in einen Bambuskorb umfüllen oder mit einem Geschirrtuch abdecken, damit er warm bleibt und nicht klumpig wird.

Für
4 Personen

Garzeit
15 Minuten

Wartezeit
15 Minuten

Khao San

Thai-Reis

420 g Reis
500 ml Wasser

Den Reis zweimal unter fließendem Wasser abspülen und dabei zwischen den Händen reiben, um überschüssige Stärke und eventuelle Verunreinigungen zu entfernen.

Im Reiskocher
Den Reis in den Behälter des Reiskochers geben. Das Wasser hinzufügen und die Garzeit einstellen.

Im Topf
Den Reis und das Wasser in einem Topf mit dickem Boden bei mittlerer Hitze zum Kochen bringen. 2 Minuten abgedeckt kochen, dann die Hitze reduzieren und den Reis 10–15 Minuten bei schwacher Hitze garen, bis das Wasser verdampft ist. Vom Herd nehmen und 15 Minuten abgedeckt quellen lassen.

Suppen

Für
1,5–2 l Brühe | **Vorbereitung**
10 Minuten | **Garzeit**
1–2 Stunden

Grundrezept Brühe

Brühe aus Knochen vom Huhn und/oder Schwein

2 Zwiebeln
2 Stangen Sellerie
2 Karotten
1,5 kg Hühner- und/oder Schweineknochen (oder 1 Suppenhuhn)
1 TL Salz

Die Zwiebeln halbieren, den Sellerie dritteln und die Karotten in große Stücke schneiden.

Knochen oder Huhn, Gemüse und Salz in einen großen Topf geben, 3 Liter Wasser angießen und zum Kochen bringen. Den Schaum abschöpfen, dann die Hitze reduzieren und die Brühe köcheln lassen: 1 Stunde, wenn Knochen verwendet werden, 2 Stunden für ein Huhn.

Die Brühe durch ein feines Sieb gießen, abkühlen lassen und das Fett mit einer Kelle von der Oberfläche abschöpfen.

Für Suppen, Nudelsuppen oder *Sukiyaki* (Rezept S. 140) verwenden.

TIPP
Wenn ein Suppenhuhn verwendet wurde, das Fleisch von den Knochen lösen, zerpflücken und für Nudelgerichte, Bratreis oder Salate verwenden.

Für
4 Personen

Vorbereitung
20 Minuten

Garzeit
20 Minuten

Tom Yum Khrung

Suppe mit Garnelen & Zitronengras

200 g Austernpilze (oder Champignons)
3 Stängel Zitronengras
40 g Galgant
1–2 rote Chilis (nach Geschmack)
2 Tomaten
1,5 l Brühe (Rezept S. 118)
12 Kaffirlimettenblätter
4–5 EL Nuoc Mam
1 EL Chilipaste *(Nam Prik Pao)*
8–12 ganze Garnelen (Größe 16/20; TK), aufgetaut
100 g frische Baby-Maiskolben (nach Belieben; Asialaden)
Saft von 1–2 Limetten

zum Servieren
3 Frühlingszwiebeln
½ Bund Koriander

Die Austernpilze putzen und die größten grob zerzupfen. Das Zitronengras in je drei Stücke schneiden und mit einem Nudelholz klopfen, damit sich das Aroma entfalten kann. Galgant in Streifen und Chilis in dünne Ringe schneiden. Die Tomaten vierteln.

Die Brühe in einen Topf gießen, Kaffirlimettenblätter, Zitronengras und Galgant hineingeben. Brühe zum Kochen bringen und 15 Minuten bei schwacher Hitze köcheln lassen.

Nuoc Mam, Chilipaste, zerkleinerte Chili, Tomatenviertel, Austernpilze und Garnelen zugeben. Bei mittlerer Hitze weitere 5 Minuten köcheln lassen. Den Mais hinzufügen, falls verwendet, und noch einmal 2 Minuten kochen.

Die Suppe vom Herd nehmen und den Saft von ½ Limette unterrühren. Abschmecken und bei Bedarf mehr Limettensaft hinzufügen. Die Suppe sollte sauer, salzig und leicht süßlich sein – und so scharf wie gewünscht.

Kurz vor dem Servieren Frühlingszwiebeln in RInge schneiden und Koriander hacken. Beides auf die Suppe streuen.

TIPP
Wenn Sie keine Zeit haben, vorab eine Brühe nach dem Grundrezept zu kochen, geben Sie mit den Garnelen 2 Hähnchenbrustfilets (in Stücke geschnitten) in die Brühe. Die Würzung entsprechend anpassen.

Für
6 Personen | **Vorbereitung**
15 Minuten | **Garzeit**
20 Minuten

Tom Kha Gai

Kokosmilchsuppe mit Galgant, Huhn & Pilzen

600 g Hähnchenbrustfilet (oder Hähnchenoberkeulen ohne Knochen)
500 g Champignons (alternativ Austernpilze oder eine Mischung aus beiden)
2 rote Chilis (nach Belieben)
4 Stängel Zitronengras
60 g Galgant
10 Kaffirlimettenblätter
40 g Palmzucker
6 EL Nuoc Mam
1 TL Salz
600 ml Kokosmilch
Saft von 1 Limette

zum Servieren
6 Stängel Koriander
Saft von 1 Limette
Nuoc Mam

Das Hähnchenfleisch in mundgerechte Stücke schneiden. Die Pilze je nach Größe in vier oder sechs Stücke teilen. Die Chilis, falls verwendet, in dünne Ringe schneiden. Das Zitronengras in je drei Stücke teilen und mit einem Nudelholz klopfen, damit sich das Aroma entfalten kann. Den Galgant in Streifen schneiden.

In einen großen Topf 800 ml Wasser füllen, Zitronengras, Galgant und Kaffirlimettenblätter hineingeben. Zum Kochen bringen, dann die Hitze reduzieren und 10 Minuten leicht köcheln lassen.

Palmzucker, Nuoc Mam, Salz und gehackte Chilis zugeben und sorgfältig umrühren. Sobald sich der Zucker aufgelöst hat, die Kokosmilch zugießen. Erneut zum Köcheln bringen, dann das Huhn und die Pilze hinzufügen und 5–6 Minuten bei mittlerer Hitze garen.

Die Suppe vom Herd nehmen und den Limettensaft einrühren. Den Koriander hacken und über die Suppe streuen.

Limettensaft und Nuoc Mam zur Suppe servieren, sodass jeder Gast nach seinem Geschmack würzen kann.

Für 4–6 Personen	Vorbereitung 30 Minuten	Garzeit 20 Minuten

Gaeng Som

Säuerliche Suppe mit Tamarinde, Fisch & Wasserspinat

Gewürzpaste
5 getrocknete rote Chilis, entkernt
1 Schalotte
45 g *Krachai* (Fingerwurz)
3 Knoblauchzehen
1 leicht gehäufter TL Garnelenpaste (Kapi)

Suppe
350 g Daikon (asiatischer Rettich)
300 g Chinakohl
250 g Wasserspinat
1 l Brühe (Rezept S. 118)
400 g Kabeljau (oder Seelachs, als Steak oder in Stücken)
3 EL Tamarindenmark (Rezept S. 255 oder Asialaden)
30 g Palmzucker
2 EL Nuoc Mam

zum Servieren
½ Limette

Beilage
Reis (nach Belieben)

Für die Gewürzpaste die getrockneten Chilis 10 Minuten in einer Schüssel mit Wasser einweichen. Herausnehmen und abtropfen lassen, das Wasser aufbewahren. Schalotte und *Krachai* grob hacken. Chilis, Schalotte, *Krachai,* Knoblauch und Garnelenpaste im Mixer zu einer homogenen Paste verarbeiten. Falls die Paste zu fest ist, etwas Einweichwasser von den Chilis zugeben.

Daikon und Chinakohl in gleichmäßige Stücke schneiden. Den Wasserspinat in drei oder vier Stücke schneiden.

Die Brühe in einem großen Topf erhitzen. 80 g Fisch bei mittlerer Hitze 20 Sekunden in der Brühe garen. Den Fisch herausnehmen und im Mörser zu einer Paste zerdrücken. Fischpaste und Gewürzpaste in die Brühe geben. Daikon, Tamarinde, Palmzucker und Nuoc Mam hinzufügen und alles 12 Minuten köcheln lassen.

Restlichen Fisch, Chinakohl und Wasserspinat in die Brühe geben und 3–5 Minuten garen. Die Brühe abschmecken und gegebenenfalls nachwürzen.

Die Brühe vor dem Servieren mit einem Schuss Limettensaft verfeinern.

Die Suppe kann als Vorspeise oder – mit Reis – als Hauptgericht gegessen werden.

Für
6 Personen

Vorbereitung
25 Minuten

Garzeit
15 Minuten

Gaeng Liang

Gemüsesuppe mit Garnelen

300 g Kürbis (Butternuss, Kabosha oder Hokkaido)
300 g Chayote
150 g Austernpilze
100 g frische Baby-Maiskolben (nach Belieben; Asialaden)
1 l Brühe (Rezept S. 118)
2–3 EL Nuoc Mam
400 g Garnelen ohne Schale (TK), aufgetaut (oder gewürfeltes Hühnerfleisch)

Gewürzpaste
25 g getrocknete Garnelen
1 große Schalotte
30 g *Krachai* (Fingerwurz)
1 kleiner TL Garnelenpaste *(Kapi)*
½ TL frisch gemahlener weißer Pfeffer

zum Servieren
1 Bund Thai-Basilikum

Kürbis und Chayote in mundgerechte Stücke schneiden. Die größeren Austernpilze zerpflücken. Die Baby-Maiskolben, falls verwendet, halbieren oder dritteln.

Für die Gewürzpaste die getrockneten Garnelen im Mixer zu einem faserigen Pulver verarbeiten. Schalotte und *Krachai* grob hacken und mit Garnelenpaste und Pfeffer ebenfalls in den Mixer geben. Alles zu einer homogenen Paste mixen. Falls nötig, etwas Wasser zufügen.

Brühe, Gewürzpaste und 2 EL Nuoc Mam in einen großen Topf geben und zum Kochen bringen. Die Chayote-Stücke hinzufügen und 3 Minuten köcheln lassen. Den Kürbis zugeben und weitere 6 Minuten kochen. Austernpilze, Mais und Garnelen hinzufügen und etwa 3 Minuten mitgaren.

Nach der Garzeit die Suppe abschmecken und gegebenenfalls nachwürzen.

Die Thai-Basilikumblätter kurz vor dem Servieren auf die Suppe geben.

TIPP
Wenn Sie keine Zeit haben, vorab eine Brühe nach dem Grundrezept zu kochen, geben Sie mit dem Kürbis 2 Hähnchenbrustfilets (in Würfel geschnitten) in die Brühe. Die Würzung entsprechend anpassen.

Für
4 Personen | **Vorbereitung**
40 Minuten | **Garzeit**
10 Minuten

Yentafo

Reis-Vermicelli mit Meeresfrüchten in rosa Brühe

Das Besondere an Yentafo ist die rosarote Farbe dieser Suppe, die durch fermentierten roten Tofu entsteht, eine chinesische Würze. Die Suppe wurde in den 1950er-Jahren erfunden und ist vor allem in Bangkok beliebt. Meist wird sie mit Fischbällchen oder Meeresfrüchten wie Garnelen und Kalamaren zubereitet.

Brühe
250 g Reis-Vermicelli
(Typ Wai Wai, 0,5 mm dick)
200 g Wasserspinat
200 g Tintenfischtuben
6 Würfel frittierter Tofu (nach Belieben)
1 l Brühe (Rezept S. 118)
1 TL Rohrohrzucker
½ TL Salz
12 Garnelen ohne Schale (TK), aufgetaut

frittierter Knoblauch
6 große Knoblauchzehen
80 ml Öl

Yentafo-Sauce
1 Knoblauchzehe
70 g fermentierter roter Tofu, gewürfelt
2 EL Nuoc Mam
2 EL Ketchup
3 EL Sriracha
6 EL weißer Branntweinessig
40 g Rohrohrzucker

Die Nudeln in einer großen Schüssel mit kaltem Wasser 40 Minuten einweichen. Den Wasserspinat in drei oder vier Stücke schneiden. Die Tintenfischtuben nach Belieben einritzen, dann in 1,5 cm breite Streifen schneiden. Die frittierten Tofuwürfel, falls verwendet, halbieren.

Nun den frittierten Knoblauch zubereiten. Dazu die Knoblauchzehen fein hacken. Das Öl in einem kleinen Topf erhitzen und den Knoblauch darin bei mittlerer Hitze unter regelmäßigem Rühren goldbraun werden lassen. Anschließend in einem Sieb gut abtropfen lassen. Öl und frittierten Knoblauch in getrennten Behältern aufbewahren.

Für die Yentafo-Sauce die Knoblauchzehe pressen und alle Zutaten miteinander verrühren.

Wasser in einem großen Topf zum Kochen bringen. Die Nudeln darin nach Packungsanweisung garen. Abgießen und in vier Servierschalen füllen.

Die Brühe mit Zucker und Salz in einem großen Topf zum Kochen bringen. Wasserspinat, Tintenfisch, Garnelen und frittierten Tofu hineingeben. Alles 1–2 Minuten köcheln lassen, dann die Suppeneinlagen auf die Schalen verteilen. Mit Brühe aufgießen und mit Yentafo-Sauce abschmecken. Die Suppe sollte salzig, süß und sauer zugleich sein. Nach Belieben die Würzung anpassen.

Mit etwas Knoblauchöl und gebratenem Knoblauch servieren.

TIPP
Der frittierte Knoblauch und das Öl sind im Kühlschrank mehrere Monate haltbar. Das Öl kann zum Anbraten von Gemüse oder Reis verwendet werden. Der Knoblauch eignet sich zum Abschmecken anderer Nudelrezepte. Wenn Sie den Geschmack von fermentiertem rotem Tofu nicht mögen, können Sie stattdessen mehr Ketchup verwenden.

Für 4 Personen	Vorbereitung 35 Minuten	Wartezeit 45 Minuten	Garzeit 1¼ Stunden

Guay Jap

Suppe mit Schweinefleisch, Tofu, Ei & Reisnudeln

Guay Jap stammt ursprünglich aus China. Es ist eine Suppe aus Innereien vom Schwein, die in einer Brühe mit Gewürzen serviert werden. Die flachen Reisnudeln, die für Guay Jap verwendet werden, rollen sich beim Kochen zu kleinen Zylindern zusammen.

600 g Schweinebauch mit Schwarte (oder Schweinenacken)
25 g Ingwer
6 große Knoblauchzehen
1,5 l Brühe (Rezept S. 118; oder Wasser)
½ Zwiebel
3 Sternanis
1 Zimtstange
2 EL Sojasauce
1 EL dunkle Sojasauce
1 EL Nuoc Mam
25 g Rohrohrzucker
1 TL Salz

Einlage
400 g flache Reisnudeln (»rice flakes«)
4 Eier
6 Würfel frittierter Tofu
4 Frühlingszwiebeln
6 Stängel Koriander
in Essig eingelegte Chilis (nach Belieben; siehe Tipp rechts)

Für die Einlage die Reisnudeln in einer großen Schüssel mit Wasser 45 Minuten einweichen. In einem Topf Wasser zum Kochen bringen und die Eier darin 10 Minuten kochen. Die Tofuwürfel halbieren.

Den Schweinebauch in zwei große Streifen schneiden. Den Ingwer in Stifte schneiden. Die Knoblauchzehen mit einem Messerrücken andrücken, damit sich ihr Aroma entfaltet.

Die Brühe in einen großen Topf füllen. Schweinebauch, Ingwer, Knoblauch, Zwiebel, Sternanis, Zimt, Sojasaucen, Nuoc Mam, Zucker und Salz hinzugeben. Zum Kochen bringen, dann den Schaum abschöpfen. Die Hitze reduzieren und 45 Minuten köcheln lassen.

Die Eier pellen, in die Brühe legen und alles weitere 20 Minuten garen. Den Tofu zufügen und 5 Minuten erwärmen. Die Brühe abschmecken und bei Bedarf nachwürzen.

Fleisch und Eier aus der Brühe nehmen. Das Fleisch in 5 mm dicke Scheiben schneiden, die Eier halbieren.

Wasser in einem großen Topf zum Kochen bringen und die Reisnudeln hineingeben. Sie werden sich einrollen. Sobald sie an die Oberfläche steigen, eine Nudel probieren: Sie soll noch leicht bissfest sein. Abtropfen lassen und in vier Servierschalen füllen.

In der Zwischenzeit die Frühlingszwiebeln in Ringe schneiden, die Blätter vom Koriander abzupfen.

Schweinefleisch, Eier und Tofu auf den Nudeln verteilen. Die Brühe daraufgeben. Mit Frühlingszwiebeln, Koriander und nach Belieben mit eingelegten Chilis servieren.

Eingelegte Chilis
Kleine Thai-Chilis in Ringe schneiden, in ein Schraubglas füllen und mit weißem Branntweinessig übergießen. Vor der Verwendung mindestens 1 Stunde durchziehen lassen. Im fest verschlossenen Glas bei Zimmertemperatur aufbewahren.

Für **4 Personen** | **Vorbereitung** **20 Minuten** | **Garzeit** **2 Stunden**

Bami Pet

Weizennudeln mit Ente

1 Zimtstange
2 Sternanis
1 EL Korianderkörner
1 Zwiebel
3 Knoblauchzehen
1,5 l Brühe (Rezept S. 118; oder Wasser)
4 Entenkeulen
40 g Palmzucker
2 EL Sojasauce
2 EL Austernsauce
10 Korianderstängel (ohne Blätter)
50 g Galgant
Pfeffer

frittierter Knoblauch
6 große Knoblauchzehen
80 ml Öl

Einlage
8 Blätter Bataviasalat
3 Frühlingszwiebeln
600 g frische Weizennudeln
80 g Mungobohnensprossen
1 TL in Essig eingelegte Chilis (siehe Tipp S. 130)

In einer Pfanne ohne Fett Zimt, Sternanis und Korianderkörner etwa 5 Minuten rösten.

Die Zwiebel halbieren. Die Knoblauchzehen mit einem Messerrücken leicht andrücken, damit sich ihr Aroma entfalten kann.

Nun den frittierten Knoblauch zubereiten. Dazu die Knoblauchzehen fein hacken. Das Öl in einem kleinen Topf erhitzen und den Knoblauch darin bei mittlerer Hitze unter regelmäßigem Rühren goldbraun werden lassen. Anschließend in einem Sieb gut abtropfen lassen. Öl und frittierten Knoblauch in getrennten Behältern aufbewahren.

Die Brühe in einen Topf gießen. Geröstete Gewürze, Entenkeulen, Zwiebel, Knoblauchzehen, Zucker, Sojasauce, Austernsauce, Korianderstängel und Galgant dazugeben. Mit Pfeffer würzen. Zum Kochen bringen, bei Bedarf abschäumen und alles bei schwacher Hitze 2 Stunden köcheln lassen, dabei nach der Hälfte der Garzeit bei Bedarf etwas Wasser nachgießen: Die Entenkeulen müssen vollständig bedeckt sein.

Nach der Garzeit sollte sich das Fleisch leicht mit einer Gabel vom Knochen lösen lassen. Das Fett von der Oberfläche der Brühe mit einer Kelle abschöpfen.

Die Salatblätter – zerzupft oder im Ganzen – auf vier Servierschalen verteilen. Die Frühlingszwiebeln in Ringe schneiden.

Wasser in einem Topf zum Kochen bringen und die Nudeln darin nach Packungsanweisung bissfest garen. 10 Sekunden vor Ende der Garzeit die Mungobohnensprossen hinzufügen. Beides gut abtropfen lassen und auf die Servierschalen verteilen. In jede Schale eine Entenkeule legen. Die heiße Brühe durch ein Sieb in die Schalen gießen.

Mit frittiertem Knoblauch, Frühlingszwiebeln und eingelegten Chilis garnieren.

TIPP

Die Suppe kann im Voraus zubereitet werden. Bewahren Sie die Brühe und die Entenkeulen im Kühlschrank auf. Kurz vor dem Servieren wärmen Sie beides auf und kochen die Nudeln.

Für 6 Personen | Vorbereitung 15 Minuten | Garzeit 30 Minuten

Mee Katee

Reisnudelsuppe mit Schweinefleisch & Kokosmilch

Traditionell enthält diese Suppe Stücke von weich gekochter Schweineschwarte, und am Ende der Garzeit werden verquirlte Eier in die kochende Suppe gegeben. Ich präsentiere hier eine weniger proteinreiche Version.

5 Stängel Zitronengras
4 Schalotten
500 g Schweinefleisch (Bauch und/oder Nacken)
6 EL Öl
50–100 g rote Currypaste (Rezept S. 86 oder Asialaden)
3 EL fermentierte, gesalzene Sojabohnen (nach Belieben)
100 g Rohrohrzucker (oder brauner Zucker)
½ TL Salz
2 EL Nuoc Mam
800 ml Kokosmilch

Einlage
½ Bund Frühlingszwiebeln
½ Bund Minze
900 g frische Reisnudeln (5 mm)
250 g Mungobohnensprossen

Das Zitronengras in je drei Stücke schneiden und mit einem Nudelholz klopfen, damit sich das Aroma entfalten kann. Die Schalotten würfeln. Das Schweinefleisch in kleine Stücke schneiden.

Das Öl in einem Schmortopf erhitzen und die Schalotten darin bei mittlerer Hitze andünsten. Die Currypaste zugeben und 2 Minuten unter Rühren anrösten. Fleisch, Sojabohnen und Zitronengras hinzufügen und gut umrühren. Nun 500 ml Wasser, Zucker, Salz und Nuoc Mam zugeben. Zum Kochen bringen und 10 Minuten köcheln lassen. Dann die Kokosmilch zugießen und die Suppe weitere 15 Minuten köcheln lassen.

In der Zwischenzeit für die Einlage die Frühlingszwiebeln in Ringe schneiden und die Blättchen von der Minze abzupfen.

Nach der Kochzeit die Suppe abschmecken und bei Bedarf nachwürzen: Sie sollte würzig sein.

In einem Topf Wasser zum Kochen bringen. Die Nudeln für die Einlage portionsweise etwa 1 Minute kochen. Mit einem Schaumlöffel herausnehmen und auf sechs Servierschalen verteilen. Die Nudeln sofort mit heißer Suppe übergießen, damit sie nicht zusammenkleben. Mit Frühlingszwiebeln, Minzeblättern und Mungobohnensprossen bestreuen.

Welches Fleisch?
Schweinebauch ist fetter, wird aber beim Garen schön mürbe. Schweinenacken ist magerer und kann daher beim Kochen trocken werden.

Variante
Statt frischer Reisnudeln können Sie getrocknete Reisnudeln verwenden. Diese müssen vorher 40 Minuten in einer großen Schüssel mit kaltem Wasser eingeweicht werden.

Für 6 Personen | Vorbereitung 40 Minuten | Garzeit 35 Minuten

Khanom Chin Nam Ya

Fischsuppe mit Kokosmilch & Reis-Vermicelli

Dieses Gericht geht auf das siamesische Königreich Ayutthaya zurück, das vom 14. bis 18. Jahrhundert bestand. *Khanom chin* bedeutet »chinesische Nudeln« (gemeint sind Reisnudeln), und *Nam ya* ist ein Curry mit Fisch. Khanom Chin Nam Ya ist vor allem im Süden Thailands sehr beliebt. Es wird bei Familienfeiern, religiösen und traditionellen Festen serviert.

Suppe

1 kg frische Makrelen
50 g Galgant
50 g *Krachai* (Fingerwurz)
4 Stängel Zitronengras
4 EL Kokosöl (oder Öl)
40–80 g rote Currypaste (Rezept S. 86 oder Asialaden)
10 Kaffirlimettenblätter
30 g Anchovis in Öl
15 g Rohrohrzucker
1 TL Salz
1 EL Nuoc Mam
600 ml Kokosmilch

Einlage

3 Karotten
1 kleiner Kopf Bataviasalat
½ Bund Minze
½ Bund Koriander
400 g Reis-Vermicelli
200 g Mungobohnensprossen
2–3 Limetten

Die Makrelen mit 500 ml kaltem Wasser in einen Topf geben, zum Kochen bringen und 10 Minuten köcheln lassen. Dann die Fische mit einem Schaumlöffel herausnehmen und die Brühe aufbewahren. Fische abkühlen lassen, das Fleisch auslösen, Gräten und Haut wegwerfen.

Den Galgant in Streifen schneiden. Die *Krachai* in Stücke schneiden und mit 100 ml Wasser im Mixer fein pürieren. Das Zitronengras in je drei Stücke schneiden und mit einem Nudelholz klopfen, damit sich das Aroma entfalten kann.

Das Öl in einem großen Schmortopf erhitzen. Die Currypaste darin bei mittlerer Hitze 5 Minuten anrösten. Galgant, pürierte *Krachai*, Zitronengras, Kaffirlimettenblätter, abgetropfte Anchovis, Zucker, Salz und Nuoc Mam zugeben, dann das Fleisch der Makrelen hinzufügen. Alles 10 Minuten köcheln lassen. Die Kokosmilch zugießen und weitere 10 Minuten garen. Abschmecken und bei Bedarf nachwürzen.

Für die Einlage die Karotten mit dem Sparschäler in lange Streifen schneiden, den Bataviasalat in Stücke zupfen. Minze- und Korianderblätter von den Stängeln abzupfen, die Limetten vierteln.

Die Nudeln nach Packungsanweisung kochen, abtropfen lassen und gründlich mit kaltem Wasser abspülen. Nochmals abtropfen lassen. Eine kleine Menge der Vermicelli entnehmen, zu einem Nest rollen und zwischen den Händen kräftig ausdrücken. Auf ein Sieb legen.

Nudeln, Suppe, Gemüse, Kräuter und Limetten separat servieren. Jeder Gast nimmt sich so viel Nudeln und Gemüse, wie er möchte, und übergießt alles mit der heißen Brühe. Mit Kräutern bestreuen und mit etwas Limettensaft verfeinern.

Für
6 Personen | **Vorbereitung**
1 Stunde | **Garzeit**
1 Stunde 10 Minuten

Khao Soi

Nudelsuppe mit Huhn und Curry

Khao Soi ist das bekannteste Gericht der Stadt Chiang Mai. Typisch sind die frittierten Nudeln, die auf die Suppe gehäuft werden. Vermutlich entstand das Gericht unter dem Einfluss der aus Yunnan stammenden Chin Haw und der birmanischen Händler, die auf der Seidenstraße unterwegs waren.

Suppe
3 Hähnchenkeulen (von Freilandhähnchen)
3 Stängel Zitronengras
70 g Galgant
2 Zwiebeln
4 Knoblauchzehen
1 TL Korianderkörner
3 Kardamomkapseln
6 EL Kokosöl (oder Öl)
25–50 g rote Currypaste (Rezept S. 86 oder Asialaden)
1 EL Madras-Curry
1 TL gemahlene Kurkuma
2 Lorbeerblätter
25 g Palmzucker
3 EL Nuoc Mam
1 TL Salz
600 ml Kokosmilch

Einlage
500 ml Öl zum Frittieren
600 g + 60 g frische Weizennudeln
6 Frühlingszwiebeln
2 Schalotten (nach Belieben)
200 g eingelegter Senfkohl (nach Belieben)
2 Limetten

Die Hähnchenkeulen am Gelenk zerteilen, sodass man sechs Stücke erhält. Das Zitronengras in je drei Stücke schneiden und mit einem Nudelholz klopfen, damit sich das Aroma entfaltet. Den Galgant in Streifen schneiden. Zwiebeln und Knoblauch in dünne Scheiben schneiden.

Die Korianderkörner in einer Pfanne ohne Fett bei mittlerer Hitze kurz rösten. Koriander und die Samen aus den Kardamomkapseln im Mörser zerstoßen.

In einem Schmortopf 3 EL Kokosöl erhitzen. Zwiebeln und Knoblauch darin bei schwacher Hitze 20 Minuten anschwitzen, bis sie weich und karamellisiert sind. Im Mixer zu einer Paste verarbeiten. Zur Seite stellen.

Im selben Schmortopf das restliche Kokosöl (3 EL) erhitzen. Currypaste, Koriander und Kardamom darin bei mittlerer Hitze 3 Minuten anrösten. Zwiebel-Knoblauchpaste, Zitronengras, Galgant, Madras-Curry, Kurkuma, Lorbeer und die Hähnchenteile dazugeben. Bis zur Hälfte mit Wasser aufgießen (etwa 1 l Wasser). Zucker, Nuoc Mam und Salz zugeben. Zum Kochen bringen, die Hitze reduzieren und 35 Minuten köcheln lassen. Bei Bedarf noch etwas Wasser hinzufügen. Dann die Kokosmilch zugießen und weitere 10–15 Minuten garen. Abschmecken und bei Bedarf nachwürzen.

Für die Einlage das Öl in einer Pfanne erhitzen. Die 60 g Weizennudeln etwas schütteln, um überschüssiges Mehl zu entfernen. Vorsichtig kleine Nudelhäufchen in das heiße Öl geben. Achtung, es spritzt! Die Nudeln knapp 1 Minute goldbraun frittieren, dann auf Küchenpapier abtropfen lassen.

Wasser in einem großen Topf zum Kochen bringen und die 600 g Weizennudeln nach Packungsanweisung leicht bissfest garen. In der Zwischenzeit Frühlingszwiebeln, Schalotten und Senfkohl in kleine Stücke schneiden, Limetten vierteln.

Die Nudeln abtropfen lassen und auf sechs Servierschalen verteilen. In jede Schale ein Stück Hähnchen geben und mit heißer Brühe übergießen. Frühlingszwiebeln, Schalotten und Senfkohl auf die Suppe geben und auf jede Portion eine Handvoll frittierte Nudeln setzen. Bei Tisch kann jeder die Suppe mit einem Spritzer Limettensaft verfeinern.

Für 8 Personen | Vorbereitung 40 Minuten

Sukiyaki

Japanisches Fondue

Sukiyaki stammt aus Japan und kam in den 1980er-Jahren nach Thailand, als der Tourismus zwischen beiden Ländern zunahm. Die Thai-Version hat sich an die lokalen Vorlieben und Zutaten angepasst. Typisch ist vor allem die süß-saure Sauce, die aus roter, fermentierter Sojabohnenpaste, Zucker, Nuoc Mam und Reisessig hergestellt wird. Zu Hause bereiten wir eine einfachere Version auf Tamarindenbasis zu, die etwas säuerlicher schmeckt. Die Zutatenliste dient nur als Anregung. Feste Regeln gibt es nicht. Wählen Sie einfach, was Ihnen schmeckt.

Tamarindensauce

120 g Tamarindenpaste ohne Kerne
70 g Tomatenmark
130 g Zucker
2 TL Salz
4 EL Nuoc Mam
6 Knoblauchzehen
½ Bund Koriander
Chilis (Menge nach Geschmack)
gerösteter Sesam

Fondue

200 g Mungobohnen-Vermicelli
400 g Hähnchenbrustfilet
400 g Rindfleisch (Hüfte oder Filet)
400 g Fischfilet nach Wahl (z. B. Kabeljau, Lachs, Lengfisch, Adlerfisch)
300 g Wasserspinat (alternativ Kresse oder Chrysanthemenblätter)
1 kleiner Chinakohl
250 g fester Tofu
24 rohe Garnelen mit Schale
400 g Blattspinat
300 g Pilze (z. B. Champignons, frische Shiitakes, Austernpilze, Shimeji, Kräuterseitlinge)
2,5 l Brühe (Rezept S. 118)

außerdem

Fonduetopf mit Körbchen

Zunächst die Tamarindensauce zubereiten. Dazu die Tamarindenpaste in eine Schüssel geben. Mit 500 ml kochendem Wasser übergießen und 10 Minuten beiseitestellen, dann umrühren, bis die Paste sich aufgelöst hat. Durch ein feines Sieb in einen Topf gießen, dabei die Feststoffe mit einem Löffelrücken gut ausdrücken. Tomatenmark, Zucker und Salz zugeben. Zum Kochen bringen, vom Herd nehmen und die Nuoc Mam einrühren. In Portionsschalen füllen und abkühlen lassen. Knoblauch pressen, Koriander und Chilis hacken. Knoblauch, Koriander, Chilis und Sesam werden in separaten Schälchen serviert, und jeder Gast würzt damit seine Tamarindensauce nach eigenem Geschmack.

Für das Fondue die Mungobohnen-Vermicelli 15 Minuten in kaltem Wasser einweichen, dann abtropfen lassen. Hähnchen- und Rindfleisch in feine Streifen schneiden. Den Fisch in Würfel schneiden. Wasserspinat in drei Stücke teilen. Chinakohl und Tofu in mundgerechte Stücke schneiden. Die Garnelen schälen oder ungeschält lassen (ungeschält geben sie der Brühe mehr Geschmack, geschält sind sie leichter zu essen). Alle diese Zutaten sowie Spinat und Pilze in separaten Schalen anrichten.

Die Brühe in einem chinesischen Fonduetopf oder einem Topf für Fleischfondue erhitzen.

Jeder Gast bekommt ein Schälchen für die Sauce und ein Körbchen, das er mit Zutaten eigener Wahl befüllt. Sie werden in der kochenden Brühe gegart. Danach dippt man die Zutaten in die Sauce.

Zwischendurch immer wieder etwas Brühe oder Wasser nachgießen, um den Flüssigkeitsstand zu halten. Die Brühe nimmt im Lauf des Essens die Aromen der Zutaten an, die in ihr gegart werden. Traditionell wird sie am Ende der Mahlzeit getrunken.

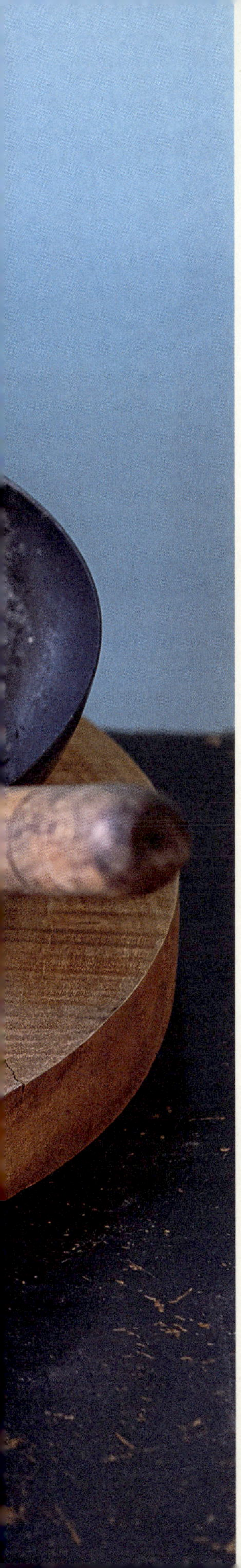

Aus dem Wok

Für 3–4 Personen	Wartezeit 1½ Stunden	Vorbereitung 30 Minuten	Garzeit 15–20 Minuten

Schritt für Schritt

Pad Thai

Pad Thai ist das thailändische Nationalgericht schlechthin. Als Thailand nach dem Zweiten Weltkrieg unter einer schweren Rezession litt, beschloss der damalige Premierminister Plaeck Phibunsongkham, mehr Reis zu exportieren, um das wirtschaftliche Defizit des Landes auszugleichen – Reis, der der Bevölkerung fehlte. Der Politiker propagiert daher ein Gericht auf der Basis von Reisnudeln, für deren Herstellung weniger Reis gebraucht wird. So entstand Pad Thai.

1

2

300 g getrocknete Reisnudeln (5 mm)
8 rohe Gambas (oder 16 rohe Garnelen ohne Schale, Größe 16/20)
Salz
150 g Hackfleisch (von Schwein oder Huhn)
1 EL Sojasauce
1 EL Nuoc Mam
40 g eingelegter Rettich
25 g getrocknete Garnelen
2 Schalotten
6 Frühlingszwiebeln (oder dicke Halme Schnittknoblauch)
6 EL Öl
4 Eier
200 g Mungobohnensprossen

Sauce
70 g Palmzucker
100 g Tamarindenmark (Rezept S. 255 oder Asialaden)
3 EL Nuoc Mam
1 EL dunkle Sojasauce

zum Servieren
4 EL Erdnüsse, geröstet und gehackt
1 Limette, in Achtel geschnitten
Chiliflocken (nach Belieben)

TIPP
Wenn Sie keinen großen Wok haben, teilen Sie Sauce, Gemüse und Gambas in zwei Portionen und vermischen sie portionsweise mit den Nudeln.

Die Reisnudeln 1½ Stunden in kaltem Wasser einweichen. Die Gambas schälen, dabei Kopf und Schwanz dranlassen. Gambas oder Garnelen salzen und in den Kühlschrank stellen. Das Hackfleisch mit Sojasauce und Nuoc Mam würzen.

Nun die Sauce zubereiten. Dafür den Palmzucker hacken. Mit Tamarindenmark, Nuoc Mam, Sojasauce und 50 ml kaltem Wasser verrühren.

Den eingelegten Rettich hacken. Die getrockneten Garnelen grob hacken. Die Schalotten fein würfeln. Frühlingszwiebeln oder Schnittknoblauch in 3–4 Stücke schneiden (**1**).

In einem Wok 1 EL Öl erhitzen und die Gambas darin bei mittlerer Hitze etwa 1 Minute von jeder Seite anbraten. (Falls Garnelen verwendet werden, diese 2–3 Minuten anbraten.) Herausnehmen.

Nun im Wok das restliche Öl (5 EL) erhitzen. Rettich, getrocknete Garnelen und Schalotten darin bei mittlerer Hitze 3–4 Minuten braten. Dann das Hackfleisch hineingeben und gut umrühren. Wenn es nach etwa 5 Minuten gar ist, die Hitze erhöhen und die abgetropften Reisnudeln ebenfalls in den Wok geben. Die Sauce darübergießen (**2**) und umrühren. Sobald die Nudeln die Sauce aufgesogen haben, probieren. Falls sie noch zu fest sind, etwas Wasser hinzufügen.

Die Nudeln auf eine Seite des Woks schieben und die Eier hineinschlagen. Das Eiweiß stocken lassen und leicht verrühren. Mit den Nudeln bedecken. Dann die Gambas oder Garnelen zugeben und umrühren. Vom Herd nehmen. Frühlingszwiebeln oder Schnittknoblauch und Mungobohnensprossen zugeben. Alles miteinander vermischen.

Mit gehackten Erdnüssen, Limettenachteln und Chiliflocken servieren.

Für 2–3 Personen	Vorbereitung 30 Minuten	Garzeit 15 Minuten

Pad See Ew

Gebratene Reisnudeln mit Rindfleisch & Kai-lan

150 g zartes Rindfleisch (Hüfte oder Filet)
1 EL Sojasauce
Pfeffer
350 g *Kai-lan* (oder Brokkoli)
4 Knoblauchzehen
400 g frische breite Reisnudeln
4 EL Öl
3 Eier
in Essig eingelegte Chilis (nach Belieben, siehe Tipp S. 130)

Sauce
1 EL Rohrohrzucker
2 EL Austernsauce
2 EL Sojasauce
1 EL Nuoc Mam
1 EL dunkle Sojasauce

Das Rindfleisch in feine Streifen schneiden und mit Sojasauce und Pfeffer würzen. Den *Kai-lan* in Scheiben schneiden und die Blätter halbieren oder dritteln (alternativ Brokkoli in kleine Röschen teilen). Den Knoblauch hacken. Die Nudeln auflockern.

Alle Zutaten für die Sauce in einer Schüssel verrühren.

In einem Wok 1 EL Öl erhitzen und das Fleisch darin bei starker Hitze 1 Minute unter ständigem Rühren anbraten, dann herausnehmen.

Das restliche Öl (3 EL) im Wok erhitzen. Knoblauch und *Kai-lan* oder Brokkoli darin bei mittlerer Hitze 2 Minuten braten. Das Gemüse auf die Seite schieben und die Eier in die Mitte des Woks schlagen. Etwas stocken lassen, dann leicht verrühren. Nun die Hitze erhöhen, die Nudeln in den Wok geben und mit der Sauce übergießen. Einmal kräftig umrühren, damit die Nudeln gut mit der Sauce überzogen sind, dann ohne zu rühren die Nudeln kurz karamellisieren lassen. Sofort servieren, dazu die eingelegten Chilis reichen, falls verwendet.

TIPP
Bratnudeln gelingen im Wok am besten, wenn man sie in kleinen Portionen zubereitet. Die Temperatur verteilt sich besser, dadurch garen die Nudeln gleichmäßiger, und man kann besser mit kreisenden Bewegungen rühren.

VARIANTE
400 g frische Nudeln können durch 250 g getrocknete Nudeln ersetzt werden: Zunächst 45 Minuten in kaltem Wasser einweichen. Dann 30 Sekunden in kochendem Wasser blanchieren, mit kaltem Wasser abspülen und abtropfen lassen. Dann können die Nudeln in den Wok gegeben werden.

Für 4 Personen	Vorbereitung 35 Minuten	Garzeit 10 Minuten

Pad Kee Mao

Gebratene Reisnudeln mit Garnelen, Chili & Thai-Basilikum

Dieses Gericht wird auch »Säufernudeln« genannt, denn es ist angeblich so scharf, dass man dazu Unmengen Bier trinken muss, um den Gaumen zu beruhigen. Damit Sie nicht mit brennender Zunge unter dem Tisch enden, empfehle ich, eine milde Chilisorte zu verwenden.

300 g getrocknete breite Reisnudeln (1 cm)
300 g Garnelen ohne Schale (TK), aufgetaut
Salz
Pfeffer
1 gehäufter TL Rohrohrzucker
1 EL Nuoc Mam
5 Knoblauchzehen
5 milde rote Chilis (oder 2 rote Thai-Chilis)
1 Bund Thai-Basilikum
6 EL Öl

Sauce
4 EL Austernsauce
3 EL Sojasauce
1 EL dunkle Sojasauce
1 EL Nuoc Mam

Die Reisnudeln in einer großen Schüssel mit kaltem Wasser 45 Minuten einweichen.

Die Garnelen in eine Schüssel geben. Mit Salz, Pfeffer, Zucker und Nuoc Mam würzen. Bei Zimmertemperatur beiseitestellen.

Den Knoblauch grob hacken. Die Chilis in feine Streifen schneiden. Die Basilikumblätter von den Stängeln zupfen.

Alle Zutaten für die Sauce in einer Schüssel verrühren.

In einem Wok oder einer großen Pfanne 2 EL Öl erhitzen. Den Knoblauch darin bei mittlerer Hitze leicht bräunen. Dann die Temperatur erhöhen, Garnelen und Chilis hinzufügen und bei starker Hitze 1 Minute unter Rühren braten (die Garnelen werden mit den Nudeln zu Ende gegart). Aus dem Wok nehmen.

Wasser in einem Topf zum Kochen bringen. Die Nudeln 30 Sekunden blanchieren, abtropfen lassen. Mit kaltem Wasser gründlich abspülen, erneut abtropfen lassen. Nun alle Zutaten in zwei Portionen teilen, weil die Nudeln in zwei Arbeitsgängen gebraten werden.

Im Wok 2 EL Öl sehr stark erhitzen. Die Hälfte der Nudeln und der Sauce dazugeben. Umrühren und die Nudeln 2–3 Minuten die Sauce aufnehmen lassen. Die Hälfte der Garnelen zugeben und weiter braten, bis keine Flüssigkeit mehr im Wok ist. Vom Herd nehmen und das Basilikum hinzufügen. In eine Schüssel geben. Den Vorgang mit den restlichen Nudeln, der Sauce und den Garnelen wiederholen. Vor dem Servieren alles miteinander vermischen.

ESTD 1933
SINGHA

Für
2–3 Personen | Vorbereitung
40 Minuten | Garzeit
20 Minuten

Raad Na

Reisnudeln in Sauce

Raad Na ist die Kurzform von *Kway Tiaow Raad Na,* was so viel bedeutet wie »Nudeln mit Topping« (gemeint ist Sauce). Auswanderer aus China brachten dieses Gericht mit und kochten es, weil sie Heimweh hatten. Mit der Zeit begannen sie, das Gericht an Arbeiter zu verkaufen. So hat es sich zu einem beliebten Streetfood entwickelt.

Fleisch
150 g Schweinefilet (alternativ Hähnchenbrustfilet oder geschälte Garnelen)
1 TL Rohrohrzucker
½ TL Salz
1 EL Nuoc Mam
1 EL Tapiokastärke (oder Speisestärke)

Sauce
250–300 g Pak Choi
100 g Shiitakes (oder Champignons)
4 große Knoblauchzehen
4 EL Öl
2 EL Austernsauce
1 gehäufter TL Rohrohrzucker
1 EL Nuoc Mam
Pfeffer
20 g Tapiokastärke (oder Speisestärke)

Nudeln
400 g frische Reisnudeln
1 EL dunkle Sojasauce
1 EL Sojasauce
3 Eier

zum Servieren
in Essig eingelegte Chilis (siehe Tipp S. 130)

Zuerst das Fleisch marinieren. Dazu das Schweinefilet in dünne Scheiben schneiden und mit allen Gewürzen in eine Schüssel geben. Bei Zimmertemperatur zur Seite stellen.

Für die Sauce den Pak Choi in gleichmäßige Stücke schneiden. Die Pilze in dünne Scheiben schneiden. Den Knoblauch hacken.

Das Öl in einem Wok erhitzen und den Knoblauch darin bei mittlerer Hitze anbraten. Sobald er goldbraun ist, mit einem Schaumlöffel in eine Schüssel geben, das Öl im Wok lassen.

Nun die Temperatur erhöhen, die Nudeln in das Öl geben und die Sojasauce hinzufügen. Gut umrühren und 2–3 Minuten bei starker Hitze braten. Die Nudeln zur Seite schieben und die Eier in die Mitte des Woks schlagen. Etwas stocken lassen, dann umrühren und unter die Nudeln mischen. In eine Schüssel geben und warm halten.

Für die Sauce 350 ml Wasser in den Wok gießen. Pak Choi und Pilze hinzufügen und zum Kochen bringen. Den gebratenen Knoblauch zugeben und alles 3–4 Minuten köcheln lassen. Fleisch, Austernsauce, Zucker und Nuoc Mam dazugeben und alles mit Pfeffer würzen, dann 2–3 Minuten kochen. Die Tapiokastärke in etwas kaltem Wasser auflösen, in den Wok geben und rühren, bis die Sauce eindickt.

Die Nudeln auf Teller verteilen und mit der Sauce übergießen. Mit eingelegten Chilis servieren.

VARIANTE
400 g frische Nudeln können durch 250 g getrocknete Nudeln ersetzt werden: Zunächst 45 Minuten in kaltem Wasser einweichen. Dann 30 Sekunden in kochendem Wasser blanchieren, mit kaltem Wasser abspülen und abtropfen lassen. Dann können die Nudeln in den Wok gegeben werden.

TIPAROS
SAUCE DE POISSON
POIDS NET: 200 CC.
PRODUIT DE THAILANDE

Für
2–4 Personen | Vorbereitung
15 Minuten | Garzeit
15 Minuten

Wun Sen Pad Kai

Gebratene Mungobohnen-Vermicelli mit Eiern

150 g Mungobohnen-Vermicelli
3 Knoblauchzehen
1 Zwiebel
3 Frühlingszwiebeln
5 EL Öl
5 Eier
120 g Mungobohnensprossen

Sauce
2 EL Sojasauce
1 TL Rohrohrzucker
1 großer EL Austernsauce
Pfeffer

Beilage
Reis

Die Nudeln etwa 30 Minuten in reichlich kaltem Wasser einweichen.

Knoblauch und Zwiebel hacken, die Frühlingszwiebeln in feine Ringe schneiden.

Alle Zutaten für die Sauce in einer Schüssel verrühren und großzügig mit Pfeffer würzen.

Die Nudeln abtropfen lassen und in zwei oder drei Stücke schneiden.

Das Öl in einem Wok oder einer großen Pfanne erhitzen. Zwiebel und Knoblauch bei mittlerer Hitze darin anbraten, bis der Knoblauch zu bräunen beginnt. Alles an den Rand schieben und die Eier in die Mitte des Woks schlagen. Kurz stocken lassen, dann umrühren. Nun die Temperatur erhöhen und Nudeln, Sauce und 50 ml Wasser in den Wok geben. Garen, bis die Nudeln die gesamte Sauce aufgenommen haben, dann abschmecken und bei Bedarf nachwürzen.

Vom Herd nehmen. Mungobohnensprossen und Frühlingszwiebeln zugeben und umrühren.

Traditionell wird zu diesem Gericht Reis serviert.

Für
3–4 Personen

Vorbereitung
20 Minuten

Garzeit
12 Minuten

Pad Prik King

Gebratene grüne Bohnen mit Schweinefleisch & roter Currypaste

300 g Schweinefilet (alternativ Hähnchenbrustfilet oder geschälte Garnelen)
3 EL Öl
3 EL Nuoc Mam
500 g grüne Bohnen
20 Kaffirlimettenblätter
20 g Palmzucker
1 EL rote Currypaste (Rezept S. 86 oder Asialaden)

Beilage
weißer Reis

Das Schweinefilet in 3 mm dicke Scheiben schneiden. Mit 1 EL Öl und 1 EL Nuoc Mam in eine Schüssel geben, umrühren und das Fleisch bei Raumtemperatur beiseitestellen.

Von den grünen Bohnen die Enden abschneiden und die Fäden entfernen. Die Bohnen je nach Länge halbieren oder dritteln. Die Mittelrippe der Kaffirlimettenblätter entfernen, die Blätter zusammenrollen und in möglichst feine Streifen schneiden. Den Palmzucker hacken.

Wasser in einem Topf zum Kochen bringen und die Bohnen 3 Minuten darin blanchieren. Abgießen, dabei 100 ml Kochwasser auffangen. Die Bohnen abtropfen lassen.

In einem Wok oder einer Pfanne 1 EL Öl erhitzen. Das Fleisch darin bei starker Hitze ohne viel Rühren knapp 1 Minute anbraten. Anschließend aus der Pfanne nehmen.

Die Hitze etwas reduzieren und nochmals 1 EL Öl in den Wok geben. Die Currypaste mit dem Palmzucker darin 2 Minuten anbraten. Bohnen, 2 EL Nuoc Mam und Kaffirlimettenblätter zugeben. Umrühren, etwas Kochwasser von den Bohnen zugießen und 2–3 Minuten köcheln lassen. Nun das Fleisch hinzufügen. Bei Bedarf etwas Kochwasser von den Bohnen nachgießen und alles weitere 2–3 Minuten garen. Die Bohnen sollten noch leicht bissfest sein. Abschmecken und bei Bedarf nachwürzen.

Mit weißem Reis servieren.

Für
4 Personen

Vorbereitung
15 Minuten

Garzeit
8 Minuten

Moo Pad Horapa

Schweinefleisch mit Thai-Basilikum

Für das Originalrezept wird Heiliges Basilikum (Tulsi, *Ocimum tenuiflorum*) verwendet, das nicht überall zu bekommen ist. Sein leicht zitroniger Geschmack passt perfekt zum Fleisch. Aber auch mit Thai-Basilikum schmeckt das Gericht hervorragend.

1 großes Bund Thai-Basilikum
4 Knoblauchzehen
1 Zwiebel
1 lange Chili (oder 2 rote Thai-Chilis)
3 EL Öl
500 g Schweinehackfleisch (Bauch oder Nacken)
4 Eier (nach Belieben)

Sauce
2 EL Nuoc Mam
1 gehäufter TL Rohrohrzucker
1 EL Sojasauce
¼ TL Salz

Beilage
Reis

Die Basilikumblätter von den Stängeln abzupfen. Den Knoblauch hacken. Die Zwiebel würfeln. Die Chili in Ringe schneiden, dabei nach Belieben die Samen entfernen.

Alle Zutaten für die Sauce in einer Schüssel verrühren.

Das Öl in einem Wok oder einer Pfanne erhitzen. Knoblauch und Zwiebel darin bei starker Hitze anbraten. Sobald der Knoblauch Farbe annimmt, Fleisch und Chili dazugeben. Das Fleisch mit einem Spatel fein zerbröseln. Dann die Sauce angießen und alles weitere 3–5 Minuten braten, bis das Fleisch gar ist.

Für die Eier, falls gewünscht, in der Zwischenzeit etwas Öl in einer Pfanne erhitzen und die Eier darin zu Spiegeleiern ausbraten.

Das Gericht vom Herd nehmen und das gesamte Basilikum hinzufügen. Umrühren, abschmecken und bei Bedarf mit etwas Nuoc Mam nachwürzen.

Mit Reis servieren.

VARIANTE
Statt Schweinefleisch kann auch Rinder- oder Hühnerhackfleisch verwendet werden.

Für
3–4 Personen | Vorbereitung
20 Minuten | Garzeit
20 Minuten

Pad Ped

Gebratene Ente mit rotem Curry, grünem Pfeffer & Thai-Basilikum

1 Entenbrust
Salz
1 Zwiebel
3 Knoblauchzehen
6 Kaffirlimettenblätter
½ rote Paprika
1 EL rote Currypaste (Rezept S. 86 oder Asialaden)
4 Rispen frischer grüner Pfeffer
150 ml Kokosmilch
3 EL Nuoc Mam
2 EL Tamarindenmark (Rezept S. 255 oder Asialaden)
1 TL Rohrohrzucker
½ Bund Thai-Basilikum

Beilage
weißer Reis

Die Haut der Entenbrust mit einem scharfen Messer rautenförmig einritzen und das Fleisch auf beiden Seiten salzen. Die Entenbrust mit der Hautseite nach unten in einen Wok oder eine Pfanne ohne Fett legen und bei mittlerer Hitze 10 Minuten braten, um das Fett auszulassen. Abkühlen lassen, dann in dünne Streifen schneiden. Das Fett in einer Schüssel aufbewahren.

Zwiebel und Knoblauch fein hacken. Von den Kaffirlimettenblättern die Mittelrippe entfernen. Die Blätter übereinanderlegen, fest aufrollen und so dünn wie möglich schneiden. Die Paprika putzen, entkernen und in Streifen schneiden.

In einem Wok 3 EL Entenfett erhitzen. Die Currypaste darin bei mittlerer Hitze 2 Minuten anrösten. Zwiebel, Knoblauch und Paprika zugeben. Die grünen Pfefferkörner von den Rispen lösen und im Wok verteilen. Kokosmilch, Nuoc Mam, Tamarinde und Zucker hinzufügen. Alles 5 Minuten kochen lassen, dann das Entenfleisch dazugeben. Umrühren und vom Herd nehmen, sobald die Ente rosa ist.

In der Zwischenzeit die Blätter vom Thai-Basilikum abzupfen.

Das Gericht abschmecken und gegebenenfalls nachwürzen. Vor dem Servieren das Thai-Basilikum hinzufügen.

Mit weißem Reis servieren.

Für 4 Personen	Wartezeit 1 Stunde	Vorbereitung 20 Minuten	Garzeit 10 Minuten

Gai Pad King

Gebratenes Hähnchen mit Ingwer & schwarzen Pilzen

10 g getrocknete Mu-Err-Pilze
400 g Hähnchenbrustfilets (oder Hähnchenkeulen ohne Knochen)
1 Zwiebel
4 Knoblauchzehen
4 Frühlingszwiebeln
40 g Ingwer
3 EL Öl

Marinade
1 EL Austernsauce
2 EL Sojasauce
1 EL dunkle Sojasauce
1 TL Rohrohrzucker
Pfeffer

Beilage
weißer Reis

Die Mu-Err-Pilze 1 Stunde in kaltem Wasser einweichen.

Für die Marinade Austernsauce, Sojasaucen und Zucker mit 3 EL Wasser verrühren und großzügig pfeffern.

Das Fleisch in gleichmäßige Streifen schneiden. Mit der Marinade übergießen und bei Zimmertemperatur zur Seite stellen.

Zwiebel und Knoblauch hacken. Die Frühlingszwiebeln in 3 oder 4 Stücke schneiden, den Ingwer in feine Stifte schneiden. Die Mu-Err-Pilze abtropfen lassen, eventuelle harte Stellen abschneiden, dann die Pilze grob hacken.

Das Öl in einem Wok oder einer Pfanne erhitzen. Zwiebel, Knoblauch und Ingwer darin bei mittlerer Hitze 2–3 Minuten braten. Dann die Temperatur erhöhen und die Pilze sowie das Hähnchen mit der gesamten Marinade hinzufügen. Unter regelmäßigem Rühren 5 Minuten garen (Hähnchenkeulen etwas länger). Die Frühlingszwiebeln unterheben. Abschmecken und bei Bedarf nachwürzen.

Mit weißem Reis servieren.

Für
4 Personen

Vorbereitung
20 Minuten

Garzeit
10 Minuten

Gai Pad Med Mamuang

Gebratenes Hähnchen mit Cashews

400 g Hähnchenkeulen ohne Knochen (2 große Keulen)
2 EL Sojasauce
1 Zwiebel
4 Knoblauchzehen
½ rote Paprika
½ grüne Paprika
3 EL Öl
1 EL Speisestärke
6 getrocknete rote Chilis (nach Belieben)
125 g Cashewkerne, geröstet

Sauce
1 EL Austernsauce
1 EL Nuoc Mam
1 EL Chilipaste *(Nam Prik Pao)*
1 TL Rohrohrzucker

Beilage
weißer Reis

Das Hähnchenfleisch in gleichmäßige Streifen schneiden. In einer großen Schüssel mit der Sojasauce verrühren und bei Zimmertemperatur zur Seite stellen.

Zwiebel und Knoblauch hacken. Die Paprika putzen, entkernen und in Würfel schneiden.

Für die Sauce alle Zutaten in einer Schüssel verrühren.

Das Öl in einem Wok oder einer Pfanne erhitzen. Das Fleisch mit der Speisestärke bestreuen, dann im Wok bei mittlerer Hitze 3–4 Minuten braten. Aus der Pfanne nehmen. Im selben Öl Zwiebel, Knoblauch und Chilis 2 Minuten braten. Das Fleisch wieder in den Wok geben, Paprikawürfel und Sauce hinzufügen und alles 3–4 Minuten garen. Abschmecken und bei Bedarf nachwürzen. Vom Herd nehmen und mit den Cashews bestreuen.

Mit weißem Reis servieren.

Für
4 Personen

Vorbereitung
20 Minuten

Garzeit
12 Minuten

Pad Priew Wan

Süßsaurer Tofu mit Ananas

½ Bio-Gurke
½ Ananas
125 g Kirschtomaten
1 Zwiebel
3 Knoblauchzehen
300 g fester Tofu
50 g Speisestärke
4 EL Öl
100 g Cashewkerne, geröstet

Sauce
3 EL Austernsauce
5 EL Branntweinessig (oder Reisessig)
2 EL Sojasauce
2 EL Sriracha
45 g Zucker

Beilage
weißer Reis

Die Gurke halbieren und in schräge Scheiben schneiden. Die Ananas in mundgerechte Stücke schneiden und die Kirschtomaten halbieren. Zwiebel und Knoblauch hacken.

Den Tofu trocken tupfen, in mundgerechte Würfel schneiden und in der Speisestärke wenden.

Alle Zutaten für die Sauce in einer Schüssel verrühren.

Das Öl in einem Wok oder einer Pfanne erhitzen. Die Tofuwürfel darin bei mittlerer Hitze hellbraun braten, dann herausnehmen. Im selben Öl Zwiebel und Knoblauch braten. Wenn der Knoblauch braun zu werden beginnt, die Temperatur erhöhen und Kirschtomaten, Gurke und Ananas hinzufügen. Umrühren, den Tofu wieder dazugeben und die Sauce darübergießen. Unter vorsichtigem Rühren 3–4 Minuten bei starker Hitze köcheln lassen, bis alles gut mit der Sauce überzogen ist. Vom Herd nehmen und die Cashews unterrühren. Abschmecken und gegebenenfalls nachwürzen.

Mit weißem Reis servieren.

VARIANTE
Sie können den Tofu durch Garnelen oder Streifen von Hähnchen- oder Schweinefleisch ersetzen.

Für
4 Personen | **Vorbereitung**
10 Minuten | **Garzeit**
12 Minuten

Khao Pad Kai

Bratreis mit Ei

Ursprünglich war Bratreis ein Gericht zur Resteverwertung. Man gab einfach alles dazu, was gerade im Haus war – und das waren häufig Gemüse und Eier.

3–4 Frühlingszwiebeln
4 Knoblauchzehen
400 g gegarter Thai-Reis vom Vortag (Rezept S. 114)
Pfeffer
5 Eier
Salz
4 EL Öl
Nuoc Mam (nach Belieben)

Sauce
1 TL Rohrohrzucker
2 EL Sojasauce
1 EL Austernsauce

Den weißen und den grünen Teil der Frühlingszwiebeln separat in feine Ringe schneiden. Den Knoblauch hacken.

Alle Zutaten für die Sauce in einer großen Schüssel verrühren. Den Thai-Reis vom Vortag zugeben und gut umrühren, um die Körner voneinander zu trennen. Mit Pfeffer würzen.

Die Eier in eine Schüssel schlagen. Salzen, pfeffern und leicht verquirlen.

Das Öl in einem Wok oder einer Pfanne erhitzen. Den weißen Teil der Frühlingszwiebeln und den Knoblauch darin bei mittlerer Hitze braten. Wenn der Knoblauch braun zu werden beginnt, alles auf die Seite schieben und die Eier in den Wok gießen. Etwas stocken lassen, erst dann umrühren. Den Reis hinzufügen und 5–7 Minuten unter häufigem Rühren braten. Abschmecken. Wenn der Reis nicht salzig genug ist, etwas Nuoc Mam hinzufügen.

Vom Herd nehmen und mit dem Grün der Frühlingszwiebeln bestreut servieren.

Für
4 Personen | **Vorbereitung**
20 Minuten | **Garzeit**
10 Minuten

Khao Pad Gai Tom Yum

Bratreis mit Hähnchen & Zitronengras

250 g Hähnchenbrustfilet
Salz
15 Kaffirlimettenblätter
4 Frühlingszwiebeln
400 g gegarter Thai-Reis vom Vortag (Rezept S. 114)
4 EL Öl

Knoblauch-Zitronengras-Paste

1 Stängel Zitronengras
1 lange rote Chili
4 Knoblauchzehen
25 g Galgant

Sauce

2 EL Sojasauce
3 EL Nuoc Mam
1 großer EL Chilipaste *(Nam Prik Pao)*

Beilagen

½ Bio-Gurke
1 Limette
4 Eier (nach Belieben)
Koriander (oder Thai-Basilikum, nach Belieben)

Die Hähnchenbrust in feine Streifen schneiden, salzen und bei Zimmertemperatur zur Seite stellen. Von den Kaffirlimettenblättern die Mittelrippe entfernen. Die Blätter fest aufrollen und möglichst fein schneiden. Die Frühlingszwiebeln in Ringe schneiden.

Für die Knoblauch-Zitronengras-Paste vom Zitronengras die unteren Enden und die harten Blätter entfernen, das Herz grob hacken. Die Chili entkernen. Im Mixer mit dem Zitronengras, Knoblauch und Galgant zu einer Paste verarbeiten. Zur Seite stellen.

Die Zutaten für die Sauce in einer großen Schüssel verrühren. Den gegarten Reis hinzufügen und alles gründlich vermischen.

Das Öl in einem Wok oder einer großen Pfanne erhitzen. Die Knoblauch-Zitronengras-Paste 2 Minuten braten. Hähnchen und Kaffirlimettenblätter hinzufügen und umrühren. Den Reis dazugeben und 5–7 Minuten braten.

In der Zwischenzeit für die Beilagen die Gurke längs halbieren und in Scheiben schneiden, die Limette vierteln. Falls verwendet, die Eier in einer Pfanne mit wenig Fett zu Spiegeleiern ausbraten. Die Blätter von Koriander oder Basilikum abzupfen und hacken.

Am Ende der Garzeit den Reis abschmecken und bei Bedarf nachwürzen. Vom Herd nehmen und die Frühlingszwiebeln unterheben.

Den Reis nach Belieben mit Spiegelei und gehackten Kräutern servieren, die Gurkenscheiben anlegen. Mit einem Spritzer LImettensaft verfeinern.

Für
6 Personen | **Vorbereitung**
35 Minuten | **Garzeit**
15 Minuten

Khao Pad Sapparot

Bratreis mit Ananas, Garnelen & Cashews

300 g Garnelen ohne Schale (TK), aufgetaut
Salz
6 Knoblauchzehen
50 g Ingwer
1 kleine Zwiebel
4 Frühlingszwiebeln
700 g gegarter Thai-Reis vom Vortag (Rezept S. 114)
1 Ananas
6 EL Erdnussöl
4 Eier
Pfeffer
100 g Cashewkerne, geröstet

Sauce
3 EL Sojasauce
2 EL Nuoc Mam
1 gehäufter TL Rohrohrzucker

Die Garnelen salzen und bis zur weiteren Verwendung in den Kühlschrank stellen. Knoblauch und Ingwer mit einem Messer fein hacken. Zwiebel und Frühlingszwiebeln hacken.

Die Zutaten für die Sauce in einer großen Schüssel verrühren. Den gegarten Reis dazugeben und sorgfältig umrühren.

Die Ananas der Länge nach halbieren und mithilfe eines Grapefruitmessers oder eines Löffels aushöhlen, die Schale dabei möglichst nicht verletzen. Das Fruchtfleisch in mundgerechte Stücke schneiden und den harten Kern entfernen.

In einem Wok oder einer Pfanne 2 EL Öl erhitzen. Die Eier hineinschlagen und bei mittlerer Hitze 1 Minute stocken lassen, dann umrühren und aus dem Wok nehmen. Nochmals 1 EL Öl in den Wok geben und die Garnelen darin 2 Minuten bei starker Hitze anbraten. Aus dem Wok nehmen und zur Seite stellen. Das restliche Öl (3 EL) ebenfalls im Wok erhitzen. Knoblauch, Ingwer und Zwiebel darin 2 Minuten anbraten. Den Reis hineingeben, umrühren und 2–3 Minuten bei starker Hitze braten. Die Ananas hinzufügen, umrühren und alles weitere 2 Minuten garen. Nun Eier und Garnelen unterheben und etwa 5 Minuten mitgaren.

Alles mit Pfeffer würzen, abschmecken und gegebenenfalls nachwürzen. Den Bratreis vom Herd nehmen, die gehackten Frühlingszwiebeln und Cashews unterheben und das Gericht in den ausgehöhlten Ananashälften servieren.

Für
2 Personen | **Vorbereitung**
15 Minuten | **Garzeit**
5 Minuten

Pad Pak Boong Fai Daeng

Wasserspinat mit Knoblauch & Chili

***Pak Boong* bedeutet »Wasserspinat«, und *Fai Daeng* heißt »rote Flamme«. Lange Zeit dachte ich, der Name dieses Gerichts bezöge sich auf die roten Chilis, mit denen es gewürzt wird. Tatsächlich verhält es sich ganz anders: Wenn man den Wasserspinat in das heiße Öl im Wok gibt, schlagen die Flammen von der Feuerstelle hoch!**

300 g Wasserspinat (1 großes Bund)
4 große Knoblauchzehen
1–2 rote Thai-Chilis (nach Geschmack)
4 EL Öl
1 großer EL Austernsauce
1 EL Nuoc Mam

Beilage
weißer Reis

Die Stängel des Wasserspinats je nach Länge in 3 oder 4 Stücke schneiden. Die Blätter ganz lassen, sie fallen beim Garen zusammen. Den Knoblauch hacken. Die Chilis der Länge nach halbieren und die Kerne entfernen.

Das Öl in einem Wok oder einer Pfanne erhitzen. Knoblauch und Chili hinzufügen und bei mittlerer Hitze anbraten. Wenn sie zu bräunen beginnen, den Wasserspinat unter kräftigem Rühren hinzufügen. Austernsauce und Nuoc Mam zugeben, umrühren und den Spinat 3–4 Minuten köcheln lassen, bis er zusammenfällt. Abschmecken und bei Bedarf nachwürzen.

Mit weißem Reis servieren.

TIPP
Das Originalrezept enthält auch fermentierte, gesalzene Sojabohnen (1 EL). Wenn Sie sie zusätzlich verwenden möchten, reduzieren Sie die Menge der Austernsauce auf ½ EL, damit das Gericht nicht zu salzig wird.

Für
2–4 Personen

Vorbereitung
10 Minuten

Garzeit
7 Minuten

Pad Het Prik Thai Sod

Gebratene Pilze mit grünem Pfeffer & Knoblauch

350 g braune Kräuterseitlinge
3 große Knoblauchzehen
1–2 rote Thai-Chilis (nach Belieben)
4 EL Öl
4 Rispen grüner Pfeffer
1 EL Austernsauce
1 EL Nuoc Mam

Beilage
weißer Reis

Die Pilzstiele je nach Größe in halbe oder ganze Scheiben schneiden, die Pilzköpfe je nach Größe halbieren oder vierteln. Den Knoblauch hacken. Die Chilis der Länge nach halbieren, entkernen und hacken.

Das Öl in einem Wok oder einer Pfanne erhitzen. Knoblauch und grünen Pfeffer darin bei mittlerer Hitze anbraten. Wenn der Knoblauch zu bräunen beginnt, Pilze, Chili, Austernsauce und Nuoc Mam hinzufügen. Nach Belieben die Pfefferkörner von den Rispen lösen und im Wok verteilen. Alles etwa 5 Minuten braten. Dann abschmecken und bei Bedarf nachwürzen.

Mit weißem Reis servieren.

Für
4 Personen

Vorbereitung
15 Minuten

Garzeit
10 Minuten

Pad Pak Ruamit

Gemüse-Wok

300 g Brokkoli
1 große Karotte
200 g Shiitakes (oder Champignons)
125 g frische Baby-Maiskolben (Asialaden)
4 große Knoblauchzehen
4 EL Öl
2 EL Austernsauce
2 EL Sojasauce
Pfeffer

Beilage
weißer Reis

Die Brokkoliröschen je nach Größe halbieren oder vierteln. Karotte schräg in 3 mm dicke Scheiben, Shiitakes oder Champignons in dünne Scheiben schneiden. Die Maiskolben vierteln. Den Knoblauch in dünne Scheiben schneiden.

Das Öl in einem Wok oder einer Pfanne erhitzen. Den Knoblauch darin bei mittlerer Hitze goldbraun braten, dann Brokkoli, Karotten und Shiitakes oder Champignons dazugeben. Austernsauce und Sojasauce zugießen und alles 4–5 Minuten garen. Den Mais hinzufügen und 2 Minuten mitgaren. Mit Pfeffer würzen, umrühren, abschmecken und gegebenenfalls nachwürzen.

Mit weißem Reis servieren.

Gedämpft & gebacken

Für
4 Personen

Vorbereitung
40 Minuten

Marinierzeit
1 Stunde

Garzeit
15 Minuten

Aeb Pla

Fisch in Bananenblättern

In Thailand werden diese Päckchen über sanfter Glut gegart.

500 g Dorsch- oder Lachsfilet (mit oder ohne Haut)

Marinade
2 lange rote Chilis
2 Stängel Zitronengras
2 Schalotten
5 große Knoblauchzehen
1 EL Nuoc Mam
1 TL Salz
1 TL gemahlene Kurkuma
abgeriebene Schale von 1 Bio-Kaffirlimette (*Combawa;* alternativ von 1 Bio-Limette)
12 Kaffirlimettenblätter

Beilage
weißer Reis (oder Klebreis)

außerdem
1 Paket Bananenblätter
Zahnstocher

Den Fisch in 1–1,5 cm dicke Streifen schneiden und in eine große Schüssel geben.

Die Marinade zubereiten. Die Chilis der Länge nach halbieren, entkernen und grob hacken. Vom Zitronengras die unteren Enden und die äußeren harten Blätter entfernen, die Herzen in Stücke schneiden. Die Schalotten grob hacken. Chili, Zitronengras, Schalotten, Knoblauch, Nuoc Mam und Salz im Mixer pürieren. Die Paste über den Fisch geben. Mit Kurkuma und Kaffirlimettenschale bestreuen.

Die Mittelrippe der Kaffirlimettenblätter entfernen, die Blätter übereinanderlegen, fest aufrollen und so dünn wie möglich schneiden. Ebenfalls zum Fisch geben. Nun alles vorsichtig vermischen und 1 Stunde in den Kühlschrank stellen.

In der Zwischenzeit die Bananenblätter säubern, abtrocknen und 16 Rechtecke von 11 × 22 cm zuschneiden.

Den Backofen auf 200 °C vorheizen.

Zwei Rechtecke aus Bananenblättern übereinanderlegen, jeweils mit der glänzenden Seite nach unten. Zwei oder drei Stücke Fisch in die Mitte legen. Die beiden Seitenteile zur Mitte hin umklappen und übereinanderlegen. Dann zuerst den oberen Rand der Bananenblätter nach unten und den unteren Rand nach oben falten. Mit einem Zahnstocher feststecken.

Die Päckchen 12–15 Minuten im vorgeheizten Backofen garen.

Mit weißem Reis oder Klebreis servieren.

TIPP
Wenn die Bananenblätter beim Schneiden brechen, kann man sie 20 Sekunden in der Mikrowelle erhitzen. Dadurch werden sie weicher und formbarer.

Für 4 Personen	Vorbereitung 20 Minuten	Garzeit 10 Minuten

Pla Neung Manao

Gedämpfter Fisch mit Limette, Knoblauch & Chili

Für dieses Rezept wird normalerweise eine enorme Menge grüner Chilis verwendet. Ich rate zu einer eher milden, aber trotzdem aromatischen Sorte.

Sauce
120 ml Brühe (Rezept S. 118; oder Instant-Hühnerbrühe)
15 g Rohrohrzucker
6 Knoblauchzehen
8 milde grüne Chilis (oder 4 grüne Thai-Chilis)
2 Bio-Limetten
4 EL Nuoc Mam

Fisch
1 Stängel Zitronengras
1 Barsch (ca. 650 g; oder Dorade)
6 Stängel Koriander

Beilage
Reis

außerdem
1 Dampfgarer, groß genug für den ganzen Fisch (oder 1 großer Wok oder Kochtopf mit einem Gitter auf Füßen, auf das der Fisch gelegt wird)
1 Bananenblatt (oder Backpapier)

Zuerst die Sauce zubereiten. Die Brühe mit dem Zucker in einem Topf erhitzen und etwa 10 Minuten bei mittlerer Hitze ohne Deckel köcheln lassen, bis noch 80–100 ml Brühe übrig sind.

In der Zwischenzeit Knoblauch und Chilis hacken. Die Schale der Limetten abreiben und beiseitestellen. Die Limetten auspressen.

Die Brühe vom Herd nehmen und Knoblauch, Chili, Nuoc Mam und den Saft von 1 Limette einrühren. Abschmecken. Die Sauce sollte sauer-salzig sein und ein kräftiges Knoblaucharoma haben. Falls nötig, etwas mehr Limettensaft hinzufügen.

Für den Fisch das Zitronengras vierteln und mit einem Nudelholz klopfen, damit es sein Aroma entfalten kann. In den Bauch des Fisches legen.

Einen Dämpfkorb mit einem Bananenblatt oder Backpapier auslegen und den Fisch daraufgeben. Wasser im Dampfgarer zum Kochen bringen, dann den Korb einsetzen und den ganzen Fisch 7 Minuten garen.

In der Zwischenzeit den Koriander hacken.

Den Fisch vorsichtig auf eine Platte legen und mit der Sauce übergießen. Mit dem Koriander bestreuen.

Mit Reis servieren.

TIPP
Falls Sie keinen Dampftopf oder Wok haben, der einen ganzen Fisch fasst, verwenden Sie Fischfilets, die Sie in Streifen schneiden. Sie sind schon nach 4 Minuten gar.

Mok Pla falten

1

2

3

4

5

Aus Bananenblättern mithilfe einer kleinen Schale oder eines Tellerchens acht Kreise von etwa 17 cm Durchmesser zuschneiden (**1**).
Die Blätter waschen und abtrocknen. Zwei Kreise so aufeinanderlegen, dass die Blattadern einmal längs und einmal quer verlaufen. Den Rand anheben und eine Falte einlegen (**2**).

Die Falte so mit einem Zahnstocher feststecken, (**3**), dass das Körbchen eine Tiefe von etwa 4 cm bekommt. Den Vorgang auf der gegenüberliegenden Seite wiederholen (**4**). Auch an den beiden verbleibenden Seiten Falten einlegen (**5**).

Für
4 Personen

Vorbereitung
40 Minuten

Marinierzeit 1 Stunde,
besser über Nacht

Garzeit
10 Minuten

Mok Pla

Fischcurry mit Kokosmilch

500 g Dorschfilet
8 große Blätter Chinakohl
½ Bund Thai-Basilikum

Marinade
6 Kaffirlimettenblätter (TK), aufgetaut
40 g rote Currypaste (Rezept S. 86 oder Asialaden)
½ TL Salz
1 gehäufter TL Rohrohrzucker
1 EL Nuoc Mam
2 Eier
125 g Kokosmilch

Kokossauce
50 g Kokosmilch
1 TL Speisestärke

zum Servieren
¼ rote Paprika (nach Belieben)

Beilage
weißer Reis

außerdem
1 Paket Bananenblätter
Dampfgarer

Eventuell verbliebene Gräten aus dem Dorschfilet entfernen. Das Fleisch trocken tupfen und in gleichmäßige Stücke schneiden.

Zuerst die Marinade zubereiten. Von den Kaffirlimettenblättern die Mittelrippe entfernen. Die Blätter aufeinanderlegen, fest aufrollen und so dünn wie möglich schneiden. Rote Currypaste, Salz, Zucker, Nuoc Mam, Eier und Kokosmilch in einer Schüssel verrühren. Die Kaffirlimettenblätter dazugeben und mit einem Holzspatel 5 Minuten rühren, bis die Mischung schön cremig und leicht klebrig wird.

Die Fischstücke in die Marinade geben und erneut mit dem Spatel umrühren. Mindestens 1 Stunde, besser über Nacht, in den Kühlschrank stellen.

Die Schalen aus Bananenblättern vorbereiten (siehe S. 186).

Die Blätter des Chinakohls in mundgerechte Stücke schneiden. Wasser in einem Topf zum Kochen bringen und den Chinakohl darin 4 Minuten blanchieren, dann abgießen und mit der Hand gut ausdrücken. Die Blätter vom Thai-Basilikum abzupfen.

Für die Kokossauce Kokosmilch und Speisestärke in einem Topf bei schwacher Hitze unter Rühren erwärmen. Vom Herd nehmen, sobald die Mischung eindickt. Beiseitestellen.

Auf den Boden der Bananenblatt-Schalen jeweils etwas Kohl und einige Blätter Thai-Basilikum geben. Anschließend den Fisch darauf verteilen.

Wasser in einem Dampfgarer zum Kochen bringen, dann die Schalen in den Korb setzen und 10 Minuten garen. In der Zwischenzeit die Paprika, falls verwendet, in Streifen schneiden.

Die Schalen mit dem gegarten Fisch aus dem Dampfgarer nehmen. Den Fisch mit etwas Kokossauce, ein paar Basilikumblättern und, falls verwendet, einigen roten Paprikastreifen garnieren. Mit weißem Reis servieren.

Für
2 Personen | **Vorbereitung**
20 Minuten | **Garzeit**
12 Minuten

Pla Thot Yam Mamuang

Frittierte Dorade mit Mangosalat

Wenn Sie keine grüne Mango aus Südostasien finden, kaufen Sie stattdessen eine grüne Frucht der gängigeren Sorte Kent. Die Säure der unreifen Mango bildet ein Gegengewicht zum frittierten Fisch.

Mangosalat
1 grüne Mango
1 Schalotte
1 rote Chili
2 EL Rohrohrzucker
3 EL Nuoc Mam
Saft von 1½ Limetten
2 EL Erdnüsse, geröstet

Fisch
1 Dorade (ca. 500 g)
Salz
500 ml Öl zum Frittieren

zum Servieren
einige Blätter Koriander

Beilage
Klebreis (oder weißer Reis)

Für den Mangosalat die Mango mit einer Papayaraspel reiben (siehe S. 47). Alternativ zuerst in dünne Scheiben und diese dann in feine Stifte schneiden. Schalotte und Chili fein hacken. Zucker, Nuoc Mam und Limettensaft in einer Schüssel verrühren.

Die Dorade trocken tupfen. Jede Seite dreimal schräg einschneiden. Den Fisch zwischen den Bauchlappen und auf beiden Seiten salzen.

Das Frittieröl in einer großen Pfanne erhitzen. Wenn es heiß ist, den Fisch vorsichtig hineinlegen und 5–6 Minuten bei starker Hitze auf jeder Seite goldbraun braten. Auf Küchenpapier abtropfen lassen.

Mango, Schalotte, Chili, Sauce und ganze Erdnüsse mischen.

Die Dorade auf eine Platte legen, den Mangosalat darüber geben oder den Salat auf einem separaten Teller anrichten. Mit Koriander garnieren.

Mit Klebreis oder weißem Reis servieren.

Für
2 Personen | **Vorbereitung**
20 Minuten | **Garzeit**
12 Minuten

Pla Sam Rot

Frittierter Fisch mit Drei-Aromen-Sauce

Wenn Sie den Fisch wie in Thailand anrichten möchten, lassen Sie sich vom Fischhändler nach dem Auslösen der Filets die Mittelgräte samt Kopf und Schwanz mitgeben. Braten Sie dieses »Gerippe« 8 Minuten in einer großen Pfanne und richten Sie dann die Fischstücke darauf an.

Drei-Aromen-Sauce
1–2 rote Thai-Chilis (nach Geschmack)
6 Stängel Koriander
4 Knoblauchzehen
60 g Palmzucker
2 EL Öl
3 EL Nuoc Mam
3 EL Tamarindenmark
(Rezept S. 255 oder Asialaden)

Fisch
400 g Doradenfilets
50 g Mehl
300 ml Öl zum Frittieren

Beilage
weißer Reis

Die Kerne der Chilis nach Belieben entfernen. Die Korianderblätter von den Stängeln abzupfen. Die Blätter zur Seite legen und die Stängel klein schneiden. Chili, Korianderstängel und Knoblauch im Mörser zu einer Paste verarbeiten.

Den Palmzucker grob hacken.

In einem Topf 2 EL Öl erhitzen. Die Chilipaste darin 1–2 Minuten bei starker Hitze anbraten. Dann Palmzucker, Nuoc Mam, Tamarinde und 50 ml Wasser zugeben und alles 3–4 Minuten bei mittlerer Hitze einkochen lassen. Die Sauce sollte dickflüssig sein. Abschmecken: Die drei Aromen dieses Gerichts sind die Säure der Tamarinde, die Süße des Palmzuckers und das Salzige der Nuoc Mam. Die Würze bei Bedarf anpassen.

Die Fischfilets abtupfen. In gleichmäßige Stücke schneiden und in Mehl wenden.

Das Öl in einem Topf oder einer Pfanne erhitzen. Die Fischstücke darin 3–4 Minuten frittieren, bis sie goldbraun sind. Auf Küchenpapier abtropfen lassen.

Die Sauce erwärmen und die Fischstücke damit übergießen. Mit Korianderblättern garnieren und mit weißem Reis servieren.

Für
4 Personen | **Vorbereitung**
20 Minuten | **Garzeit**
8 Minuten

Pla Muk Yad Sai

Gefüllte Kalmare

gefüllte Kalmare
20 g Mungobohnen-Vermicelli
½ Zwiebel
2 Knoblauchzehen
8 Stängel Koriander
300 g Schweinehackfleisch (Bauch)
1 EL Sojasauce
1 TL Rohrohrzucker
½ TL Salz
Pfeffer
4 küchenfertige Kalmare mit Fangarmen (Tuben ca. 12 cm lang)

Sauce
1 Knoblauchzehe
1–2 rote Thai-Chilis (nach Geschmack)
Saft von 1 Limette
1 TL Salz
1 gehäufter EL Rohrohrzucker
2 EL Nuoc Mam

zum Servieren
2 Stängel Koriander
3 Stängel Minze

Beilage
weißer Reis

außerdem
Zahnstocher
Dampfgarer

Die Vermicelli 10 Minuten in einer großen Schüssel mit kaltem Wasser einweichen.

Für die Sauce Knoblauch und Chilis hacken. Mit den übrigen Zutaten in einer Schüssel verrühren.

Für die Füllung der Kalmare die Nudeln abtropfen lassen und grob hacken. Zwiebel, Knoblauch und Koriander hacken. Alles mit dem Hackfleisch vermengen und mit Sojasauce, Zucker, Salz und Pfeffer würzen. Die Kalmare vorsichtig mit der Masse füllen, dabei die oberen 3 cm leer lassen. Falls sich Luftblasen bilden, die Kalmarmäntel vorsichtig mit einem Zahnstocher einstechen, damit die Luft entweichen kann. Die Öffnungen der Kalmare unterhalb der Fangarme mit einem Zahnstocher zustecken. Die Kalmare vorsichtig mehrmals einschneiden.

Einen Dämpfkorb mit Backpapier auslegen und die Kalmare darauflegen. Wasser im Dampfgarer sprudelnd zum Kochen bringen, dann den Korb hineinsetzen und die Kalmare 8 Minuten garen.

In der Zwischenzeit die Blätter von Koriander und Minze abzupfen.

Die Kalmare auf einer Platte anrichten. Mit der Sauce beträufeln und mit Koriander und Minze garnieren.

Mit weißem Reis servieren.

Für 6 Personen	Vorbereitung 20 Minuten	Wartezeit 30 Minuten	Garzeit 12 Minuten

Ob Wun Sen

Garnelen mit Vermicelli

Vermicelli
250 g Mungobohnen-Vermicelli
8 Knoblauchzehen
80 g Ingwer
1 Bund Koriander
1 Bund Frühlingszwiebeln
4 EL Austernsauce
4 EL Sojasauce
6 EL Erdnussöl
Pfeffer
200 ml Brühe (Rezept S. 118; oder Wasser)

marinierte Garnelen
16 rohe Garnelen mit Schale (TK), aufgetaut
2 EL Austernsauce
2 EL Sojasauce
2 EL Erdnussöl
Pfeffer

Beilage
weißer Reis

Die Vermicelli 30 Minuten in einer großen Schüssel mit kaltem Wasser einweichen.

Die Garnelen mit Austernsauce, Sojasauce und Öl vermischen, mit Pfeffer würzen und zum Marinieren in den Kühlschrank stellen.

Für die Vermicelli die Knoblauchzehen andrücken. Den Ingwer in feine Streifen schneiden. Die Blätter vom Koriander abzupfen. Die Frühlingszwiebeln in 4 cm lange Stücke schneiden.

Die Nudeln abtropfen lassen. Austernsauce, Sojasauce und Öl darübergeben, mit reichlich Pfeffer würzen und umrühren.

Den Boden eines Schmortopfs mit Frühlingszwiebeln auslegen, damit die Nudeln nicht am Topf kleben bleiben. Knoblauch, Ingwer, Koriander und dann die Nudeln zugeben. Mit der Brühe aufgießen. Die Garnelen mit der Marinade darauf verteilen. Abdecken und alles bei mittlerer Hitze etwa 10–12 Minuten garen. Das Gericht ist fertig, wenn die Garnelen schön rosa und die Nudeln weich sind.

Mit weißem Reis servieren. Wer auf den Reis verzichten möchte, verwendet zum Würzen der Nudeln je 1 EL Austernsauce und Sojasauce weniger.

TIPP
In Thailand legt man den Topf mit dünnen Scheiben von fettem Speck aus. Wichtig ist, eine gute Qualität zu wählen, beispielsweise Lardo di Colonnata oder Speck vom Gascogner Schwein. Die Nudeln nehmen das Speckaroma an und schmecken dadurch noch besser.

Für
6 Personen

Vorbereitung
20 Minuten

Garzeit
4 Stunden

Kha Moo Pa Lo

Schweinshaxe mit fünf Aromen

Reis mit Schweinshaxe ist in Thailand ein sehr beliebtes Alltagsgericht, das man überall an den Straßenständen kaufen kann. Es wird mit einer Sauce aus weißem Essig, zerdrücktem Knoblauch und gehackten Chilis serviert.

1 Schweinshaxe (ca. 2 kg)
50 g Ingwer
2 Zwiebeln
1 Knolle Knoblauch
1 Bund Koriander
4 Sternanis
4 Gewürznelken
1 große Zimtstange
6 Lorbeerblätter
1 gehäufter TL Szechuan-Pfeffer
1 TL weiße Pfefferkörner
2 EL dunkle Sojasauce
6 EL Sojasauce
60 g Palmzucker (oder Rohrohrzucker)
30 g Salz
330 ml helles Bier
6 Eier
250 g frittierter Tofu (nach Belieben)

Essigsauce
2 Knoblauchzehen
2 Thai-Chilis
Salz
50 ml weißer Branntweinessig

Beilage
weißer Reis

Die Schweinshaxe in einen großen Topf geben, mit kaltem Wasser bedecken und zum Kochen bringen. 8–10 Minuten blanchieren.

Währenddessen die weiteren Zutaten vorbereiten: Ingwer in Streifen schneiden, Zwiebeln halbieren und Knoblauchzehen mit einem Messerrücken andrücken. Die Blätter vom Koriander abzupfen, Blätter und Stängel getrennt beiseitelegen.

Die Haxe abtropfen lassen, den Topf auswaschen und die Haxe wieder in den Topf geben. Alle Zutaten außer Koriander, Eiern und Tofu zugeben. Die Haxe mit kaltem Wasser bedecken und zum Kochen bringen. Den Schaum abschöpfen. Nun die Korianderstängel hinzufügen, die Hitze reduzieren, den Topf halb abdecken und die Haxe 3 Stunden köcheln lassen. Während dieser Zeit ab und zu wenden.

In der Zwischenzeit In einem kleinen Topf Wasser zum Kochen bringen. Die Eier darin 8 Minuten kochen. Anschließend in kaltem Wasser abschrecken und vorsichtig pellen.

Für die Essigsauce den Knoblauch zerstoßen und die Chilis in feine Ringe schneiden. Beides in eine kleine Schüssel geben, mit 1 Prise Salz würzen und mit dem Essig bedecken.

Nach 3 Stunden Garzeit der Haxe die Eier in die Brühe geben. Nach weiteren 30 Minuten den frittierten Tofu hinzufügen, falls verwendet, und alles noch einmal 30 Minuten köcheln lassen. Insgesamt kocht die Haxe 4 Stunden, die Eier 1 Stunde und der Tofu 30 Minuten.

Nun die Haxe abtropfen lassen und mit der Schwarte in Scheiben schneiden. Eier und Tofu in Scheiben schneiden oder ganz lassen.

Alles mit weißem Reis, Korianderblättern und Essigsauce servieren. Wer möchte, kocht die Brühe etwas ein und übergießt den Reis damit.

Für
6 Personen | **Vorbereitung**
40 Minuten | **Garzeit**
1 Stunde

Khao Man Gai

Reis mit Hühnerfett

Chinesen aus der Provinz Hainan brachten dieses Rezept mit, als sie im 19. Jahrhundert nach Südostasien auswanderten. Seitdem hat es sich in verschiedenen Ländern etabliert, beispielsweise in Singapur und Malaysia, aber auch in Indonesien und Vietnam. In Thailand nennt man es Khao Man Gai (*khao* = Reis, *man* = Fett, *gai* = Huhn), also »Reis mit Hühnerfett«.

Brühe
1 Suppenhuhn (1,5 kg)
2 Hähnchenkeulen
1 Bund Koriander
80 g Ingwer, in Streifen geschnitten
5 Knoblauchzehen, angedrückt
1 Zwiebel, halbiert
1 Karotte, gewürfelt
1 Stange Sellerie, gewürfelt
1 TL grobes Salz
1 TL Zucker

Reis
2 EL Öl
5 Knoblauchzehen, angedrückt
50 g Ingwer, in Scheiben geschnitten
600 g Thai Reis , abgespült und abgetropft
das gesamte Fett der Brühe
1 TL Salz
½ TL gemahlene Kurkuma
650 g Brühe

Sauce
100 g gesalzene, fermentierte Sojabohnen, püriert
3 Knoblauchzehen, gepresst
50 g Ingwer, gerieben
50 g Rohrohrzucker
Saft von ½ Zitrone
3 EL Sojasauce
1–2 Chilis (nach Geschmack), fein gehackt

zum Servieren
1 Bio-Gurke, in halbe Scheiben geschnitten

Zunächst die Brühe zubereiten. Die Keulen vom Suppenhuhn abtrennen. Alle 4 Keulen an den Gelenken zerteilen. Die Blätter vom Koriander abzupfen, Blätter und Stängel getrennt beiseitestellen.

Hähnchenkeulen, Ingwer, Knoblauch, Zwiebel, Karotte und Sellerie in einen Topf geben. Salz, Zucker und die Hälfte der Korianderstängel hinzufügen. Mit Wasser bedecken und zum Kochen bringen. Den Schaum abschöpfen, dabei das Fett nicht entfernen. Die Brühe bei schwacher Hitze 15 Minuten köcheln lassen. Dann die Brust des Suppenhuhns (mit den Knochen) zugeben. Etwas Wasser hinzufügen und weitere 20 Minuten garen. Den Herd ausschalten und abkühlen lassen. Dann das gesamte Fett von der Brühe abschöpfen.

Für den Reis das Öl in einer Pfanne erhitzen. Knoblauch und Ingwer darin bei mittlerer Hitze 2 Minuten anbraten. Den Reis hinzufügen und 3–4 Minuten dünsten, dann das gesamte Fett aus der Brühe sowie Salz und Kurkuma hinzufügen. Alles gut verrühren. Den Reis in die Schüssel eines Reiskochers umfüllen, die Brühe und die restlichen Korianderstängel hinzufügen und die Garzeit einstellen (siehe S. 114).

In der Zwischenzeit alle Zutaten für die Sauce miteinander verrühren.

Kurz vor dem Servieren das Huhn in der restlichen Brühe erwärmen. Die Bruststücke auslösen und in Stücke schneiden. Die Schenkel ganz lassen oder das Fleisch von den Knochen lösen. Reis, Huhn, Sauce und Brühe in separaten Schüsseln servieren. Mit Korianderblättern und Gurkenscheiben garnieren.

Für 6 Personen | Vorbereitung 30 Minuten | Garzeit 14 Minuten

Weinender Tiger

Mariniertes gegrilltes Rindfleisch mit Tamarindensauce

Um den Namen dieses Gerichts ranken sich allerlei Legenden. Warum weint der Tiger? Vor Freude, weil das Fleisch so zart ist? Vor Schmerz, weil die Sauce so scharf ist? Oder vor Trauer, weil die Menschen das ganze gute Fleisch essen und für ihn nicht viel übrig bleibt?

Palmzuckersirup
100 g Palmzucker

Marinade
2 EL Nuoc Mam
1 EL Sojasauce

Fleisch
2 Entrecôtes (à 500 g)
25 g Klebreis (oder Thai-Reis)
2 Zwiebeln
3 Frühlingszwiebeln
6 Stängel Koriander
1 EL Öl
120 g Tamarindenmark
(Rezept S. 255 oder Asialaden)
5 EL Nuoc Mam
1 TL Chiliflocken (nach Geschmack)
Saft von 1 Limette

Beilage
weißer Reis (oder Klebreis)

Zunächst einen Palmzuckersirup herstellen. Dazu den Palmzucker grob hacken und in einem Topf mit 50 ml Wassser bei mittlerer Hitze 5 Minuten köcheln lassen.

Für die Marinade In einer Schüssel 1 EL Palmzuckersirup, Nuoc Mam und die Sojasauce verrühren. Über die Entrecôtes gießen und das Fleisch zum Marinieren bei Zimmertemperatur zur Seite stellen. Von Zeit zu Zeit wenden.

Den Reis in einer kleinen Pfanne ohne Fett bei mittlerer Hitze goldbraun rösten, dann in einem Mörser zu einem nicht zu feinen Pulver zerstoßen. Beiseitestellen. Zwiebeln in Streifen und Frühlingszwiebeln in Ringe schneiden, Korianderblätter von den Stängeln zupfen.

Das Öl in einer Pfanne erhitzen. Die Entrecôtes darin bei starker Hitze von jeder Seite 1–2 Minuten braten (englisch gebraten), dann 5 Minuten auf einem Rost ruhen lassen.

Tamarindenmark, 3 EL Palmzuckersirup und Nuoc Mam in einer Schüssel verrühren. Chiliflocken und die Hälfte des Limettensafts dazugeben. Umrühren und abschmecken: Die Sauce sollte säuerlich und leicht süßlich sein. Nach Bedarf mit Zucker, Nuoc Mam oder Limettensaft nachwürzen. Kurz vor dem Servieren die Hälfte der Frühlingszwiebeln und 2 EL zerstoßenen gerösteten Reis hinzufügen.

Das Fleisch in Scheiben schneiden. Mit Zwiebeln, restlichen Frühlingszwiebeln und 1 EL zerstoßenem geröstetem Reis bestreuen. Die Sauce über das Fleisch gießen oder separat servieren. Dazu passt weißer Reis oder Klebreis.

TIPP
Reste vom Palmzuckersirup in ein Schraubglas füllen und im Kühlschrank aufbewahren. Er kann wie Ahornsirup verwendet werden.

Für
4 Personen

Vorbereitung
20 Minuten

Marinierzeit
über Nacht

Garzeit
40 Minuten

Gai Yang

Gegrilltes Hähnchen mit Zitronengras

4 Bio-Hähnchenkeulen
Pfeffer

Marinade
4 Stängel Zitronengras
40 g Ingwer
5 Knoblauchzehen
4 EL Rohrohrzucker
4 EL Nuoc Mam

Beilagen
Klebreis
Papayasalat (Rezept S. 48)

Die Hähnchenkeulen an den Gelenken zerteilen und in eine Schüssel legen.

Für die Marinade vom Zitronengras die unteren Enden abschneiden und die harten äußeren Blätter entfernen. Die Herzen grob hacken. Den Ingwer grob hacken. Zitronengras, Ingwer, Knoblauch, Zucker und Nuoc Mam im Mixer zu einer Paste verarbeiten.

Die Hähnchenkeulen mit der Marinade bestreichen und großzügig pfeffern, dann die Gewürze einmassieren. Das Fleisch mit Frischhaltefolie abdecken und über Nacht in den Kühlschrank stellen.

Den Backofen auf 200 °C vorheizen. Das Fleisch mit der Hautseite nach unten auf ein Backblech legen und 40 Minuten im Ofen garen lassen. Nach der Hälfte der Garzeit wenden, damit die Haut bräunen kann.

Mit Klebreis und Papayasalat servieren.

Für 4 Personen | Vorbereitung 20 Minuten | Garzeit 1½ Stunden

Moo Warn

Karamellisiertes Schweinefleisch

800 g Schweinebauch mit Schwarte (oder Schweinenacken)
80 g Ingwer
2 Schalotten
6 große Knoblauchzehen
100 g Zucker
100 ml Sojasauce
1 TL zerstoßener schwarzer Pfeffer
½ Bund Koriander

Beilage
weißer Reis

Das Schweinefleisch in mundgerechte Würfel zerteilen. Ingwer in Streifen und Schalotten in dünne Ringe schneiden. Die Knoblauchzehen mit einem Messerrücken andrücken.

Den Zucker in einen Schmortopf geben und bei mittlerer Hitze erwärmen, bis ein heller Karamell entsteht. Mit Sojasauce ablöschen. Schweinefleisch, Ingwer, Schalotten, Knoblauch und Pfeffer zugeben. Umrühren und mit Wasser auffüllen, dann abdecken, aufkochen und bei schwacher Hitze 30 Minuten köcheln lassen.

Den Deckel entfernen und das Gericht 1 weitere Stunde garen. In der Zwischenzeit den Koriander hacken.

Am Ende der Garzeit sollte die Sauce gut eindickt sein und das Fleisch überziehen. Vom Herd nehmen und den gehackten Koriander unterheben.

Mit weißem Reis servieren.

Für 6 Personen	Vorbereitung 1 Stunde	Wartezeit 24 Stunden	Garzeit 20–35 Minuten

Sai Oua

Thailändische Wurst

Wurstbrät
75 g Zitronengras
100 g Schalotten
15 g Kaffirlimettenblätter
40 g rote Currypaste (Rezept S. 86 oder Asialaden)
2 EL Nuoc Mam
20 g Zucker
8 g Salz
500 g Schweineschulter (oder Schweinenacken)
500 g fetter Schweinebauch

Füllen und Garen
2 m Schweinedarm
3 EL Öl

Beilage
weißer Reis (oder Klebreis)

außerdem
Fleischwolf
Wursttrichter

1

2

3

Vom Zitronengras das untere Ende und die äußeren harten Blätter entfernen, das Herz hacken. Die Schalotten in Würfel schneiden. Von den Kaffirlimettenblättern die Mittelrippen entfernen, dann die Blätter fest aufrollen und so fein wie möglich schneiden (**1**).

Das Zitronengras im Mixer fein zerkleinern, dann die Schalotten zugeben und erneut mixen. Die Currypaste in einer Schüssel mit der Nuoc Mam verrühren, mit Salz und Zucker würzen. Das Fleisch in Stücke schneiden und abwechselnd fette und magere Stücke durch die grobe Scheibe des Fleischwolfs drehen. Alle Zutaten für die Wurstmasse (**2**) mindestens 5 Minuten mit den Händen verkneten, um die Currypaste und die Gewürze gut zu verteilen. Mit Frischhaltefolie abdecken und kühl stellen, während die Wurstdärme vorbereitet werden.

Die Därme gründlich spülen und dann kaltes Wasser hineinlaufen lassen, um das Füllen zu erleichtern und den Zustand der Därme zu überprüfen.

Einen Darm abtropfen lassen (nicht abtrocknen) und etwa 10 cm weit auf den Wursttrichter ziehen. Am unteren Ende verknoten. Nun den Trichter mit Wurstbrät füllen und das Brät möglichst gleichmäßig in den Darm drücken (**3**). Nicht zu prall stopfen, sonst kann der Darm beim Füllen oder Garen platzen. Wenn die Wurst etwa 15 cm lang ist, mit den Händen glatt streichen, um zu fühlen, ob sie gleichmäßig gefüllt ist. An den Stellen, an denen sich Luftlöcher gebildet haben, mit einem Zahnstocher oder einer Nadel einstechen, damit Luft entweichen kann (**4**). Die Wurst mit einem Knoten verschließen. Den Vorgang wiederholen, bis alle Zutaten verbraucht sind.

Die Würste mindestens 24 Stunden kühl stellen, ehe sie zubereitet oder eingefroren werden.

Wer auf Därme verzichten möchte, deckt die Wurstmasse mit Frischhaltefolie ab und lässt sie über Nacht im Kühlschrank ruhen. Dann mit der Hand kleine Würstchen formen (**5**).

Zubereitung in der Pfanne: Etwas Öl in einer Pfanne erhitzen. Die Würste bei mittlerer Hitze 20–25 Minuten goldbraun braten.
Zubereitung im Backofen: Den Ofen auf 220 °C vorheizen. Die Würste auf ein Backblech legen und 30–35 Minuten garen. Nach der Hälfte der Zeit wenden.

Mit weißem Reis oder Klebreis servieren.

4

5

Für 4 Personen	Vorbereitung 45 Minuten	Wartezeit 3 Stunden	Garzeit 25 Minuten

Mok Gai

Hühnerpäckchen mit Dill

1

2

1 EL Klebreis (nach Belieben)
500 g Hähnchenkeulen ohne Knochen (ca. 3 große Keulen)
6 Frühlingszwiebeln
1 Bund Dill
8 rote Thai-Chilis (nach Belieben)

Marinade
2 Stängel Zitronengras
10 g Galgant
1 lange Chili
2 Schalotten
4 Knoblauchzehen
2 EL Nuoc Mam
3 EL fermentierte Fischpaste *(Pa Dek)*
¼ TL Salz

Beilage
weißer Reis (oder Klebreis)

außerdem
1 Paket Bananenblätter
Zahnstocher
Dampfgarer

TIPP
Sie können schon am Vortag die Marinade zubereiten und den Reis einweichen.

Den Klebreis in einer Schüssel mit kaltem Wasser mindestens 3 Stunden einweichen.

Die Hähnchenkeulen in mundgerechte Stücke teilen.

Für die Marinade das untere Ende und die äußeren harten Blätter vom Zitronengras entfernen. Das Herz grob hacken und mit Galgant im Mixer pürieren. Die Chili längs halbieren, entkernen und grob hacken. Mit Schalotten und Knoblauch ebenfalls in den Mixer geben und alles zu einer Paste verarbeiten. Über das Huhn geben, Nuoc Mam, fermentierte Fischpaste und Salz hinzufügen. Vermischen und kühl stellen.

Die Mittelrippe der Bananenblätter entfernen und die Blätter in acht Rechtecke von etwa 25 × 14 cm schneiden. Reste aufbewahren, um die Päckchen zu verstärken. Die Blätter abspülen oder in Wasser einweichen. Mit einem Geschirrtuch abtrocknen, dann unter dem feuchten Tuch aufbewahren.

Den Klebreis abtropfen lassen und im Mörser zerstoßen. Die Frühlingszwiebeln in 3–4 cm lange Stücke schneiden. Den Dill hacken. Klebreis, Frühlingszwiebeln und Dill unter das Huhn mischen, dann die Mischung in acht Portionen teilen.

Auf ein Rechteck aus Bananenblättern ein Reststück legen. In die Mitte ein paar Hähnchenstücke und, falls verwendet, eine Chili geben. Die langen Ränder zur Mitte falten. Die Ecken umklappen, zur Mitte führen (**1–2**) und mit einem Zahnstocher feststecken. In einen Dämpfkorb legen. Die restlichen Blätter ebenso füllen.

Wasser im Dampfgarer zum Kochen bringen. Den Korb hineinsetzen und die Päckchen 20–25 Minuten garen. Mit weißem Reis oder Klebreis servieren.

AROY-D
COCONUT MILK
NET CONTENTS/ CONTENANCE

Getränke & Desserts

Für etwa 1,2 Liter | Vorbereitung 40 Minuten | Wartezeit über Nacht | Garzeit 35 Minuten

Nam Dao Huu

VEGAN

Sojadrink

In Asien wird der Sojadrink oft mit *Grass Jelly* serviert, Geleewürfeln aus einer asiatischen Pflanze. Man kann *Grass Jelly* in asiatischen Lebensmittelgeschäften kaufen. Es soll heilende Wirkung haben und ist bei großer Hitze angenehm erfrischend.

300 g gelbe Sojabohnen
25 g Rohrohrzucker

Die Sojabohnen über Nacht in Wasser einweichen.

Am nächsten Tag die Sojabohnen abtropfen lassen und in zwei Portionen teilen. Jeweils mit 750 ml Wasser im Mixer fein pürieren. Die Mischung durch ein feines Tuch (z. B. Gaze, Musselin, Käseleinen) abseihen, dabei den Rückstand sehr gut ausdrücken.

Beide Portionen Sojadrink mit dem Zucker in einen Topf geben und bei mittlerer Hitze 30–35 Minuten lang leicht köcheln lassen. Es ist wichtig, den Sojadrink gut zu kochen, da rohe Sojabohnen unverträglich sind.

Den Sojadrink lauwarm genießen oder ganz erkalten lassen. Man kann ihn mit Ahornsirup, Kokos- oder Palmzucker oder Agavendicksaft nachsüßen.

Für
2 Personen

Vorbereitung
5 Minuten

Wartezeit
30 Minuten

Nom Yen

Geeister Milchkaffee

In meiner Kindheit wurde geeister Milchkaffee in Plastikbeuteln verkauft. Der Händler steckte einen Strohhalm in die Tüte und ließ ihn herausstehen. Das Ganze wurde mit einem Gummiband zusammengehalten. Man hielt die Tüte am Gummiband fest, während man an dem Getränk nippte. Fahrer von Lieferdiensten hängten die Tüten an den Griffen ihrer Motorroller auf, sodass sie hüpften und tänzelten, wenn sie durch den turbulenten Verkehr von Bangkok sausten.

60 g gemahlener Kaffee
50 g gezuckerte Kondensmilch
40 g ungezuckerte Kondensmilch
Zucker (nach Belieben)

außerdem
Eiswürfel

Mit dem Kaffee und 500 ml Wasser einen Filterkaffee zubereiten. Anschließend abkühlen lassen.

Zwei große Gläser mit Eiswürfeln füllen. Den Kaffee eingießen, dann die gezuckerte Kondensmilch. Sie wird sich am Boden des Glases absetzen. Danach die ungezuckerte Kondensmilch hinzufügen.

Umrühren, probieren und nach Belieben mehr süßen.

Für
8 Personen | Vorbereitung
45 Minuten | Garzeit
10 Minuten

Schritt für Schritt

Lod Chong Ruam Mit

VEGAN

Dessert in drei Farben

Lod Chong **bedeutet »durch das Loch«: Der Teig für die Pandanus-Vermicelli wird durch eine Presse gedrückt. *Ruam Mit* bedeutet »Gemeinschaft der Freunde« – im übertragenen Sinn: die Kombination beliebter Süßspeisen. In Thailand bieten Straßenstände eine Vielzahl von Früchten, Gelees und Samen an, aus denen man wählen kann. Dieses festliche Dessert wird normalerweise in großen Mengen für Familienfeiern zubereitet.**

1

2

1 Dose Palmfrüchte in Sirup (340 g Abtropfgewicht, *Palm's Seeds Attap*, nicht zu verwechseln mit *Toddy Palm's Seeds*)
1 Dose Jackfrucht in Sirup, (230 g Abtropfgewicht, nach Belieben)
1 l Kokosmilch

Palmzuckersirup
470 g Palmzucker (oder Rohrohrzucker)

***Thaptim Krob* (»knackige Rubine«)**
Wasserkastanien (340 g Abtropfgewicht)
rote Lebensmittelfarbe (möglichst natürlich)
120 g Tapiokastärke

***Lod Chong* (Pandanus-Vermicelli)**
150 g Pandanusblätter
115 g Wasserkastanienstärke
20 g Reismehl
10 g Tapiokastärke

außerdem
Eiswürfel
Kartoffel- oder Spätzlepresse mit mittlerer Scheibe

Die Palmfrüchte abspülen und abtropfen lassen. Die Jackfrucht, falls verwendet, abtropfen lassen und in Streifen schneiden. Beides getrennt beiseitestellen.

Für den Palmzuckersirup den Palmzucker in 200 ml Wasser auflösen. Zur Seite stellen.

Für die knackigen Rubine die Wasserkastanien abtropfen lassen und abspülen, dann in etwa 6 mm große Würfel schneiden. In einem tiefen Teller die Kastanienwürfel mit etwas roter Lebensmittelfarbe mischen und in Tapiokastärke wenden (**1**). Wasser in einem Topf zum Kochen bringen, dann die »Rubine« einrieseln lassen. Mit einem Schaumlöffel herausnehmen, sobald sie an die Oberfläche steigen. Abtropfen lassen und mit etwas Palmzuckersirup in eine Schüssel geben. Umrühren, damit die Stücke nicht zusammenkleben. Falls nötig, mehr Palmzuckersirup hinzufügen.

Für die Pandanus-Vermicelli die Pandanusblätter waschen und grob hacken. Die Blätter mit 1 l Wasser in einem Mixer fein pürieren, um ihnen das gesamte Chlorophyll zu entziehen. Den Saft durch ein Sieb oder ein Stück Käseleinen filtern und mit etwas Wasser auf 1 l auffüllen. Wasserkastanienstärke, Reismehl und Tapiokastärke in einem Topf mischen. Die Pandanus-Flüssigkeit zugießen und mit einem Schneebesen verrühren.

Einen hohen Topf mit eiskaltem Wasser und die Kartoffelpresse bereitstellen. Die Pandanus-Mischung bei mittlerer Hitze erwärmen und dabei mit einem Spatel umrühren. Anfangs werden sich kleine Klümpchen bilden. Weiter kochen und umrühren, dabei verdickt sich die Mischung allmählich und wird zu einer etwas klebrigen Paste. Wenn sie eine Kugel bildet, den Topf vom Herd nehmen. Etwas Teig in die Kartoffelpresse geben und in das eiskalte Wasser drücken (**2**). Die gesamte Masse auf diese Weise pressen, dann die Vermicelli herausheben und abtropfen lassen.

Pandanus-Vermicelli, Jackfrucht, Rubine und Palmfrucht in Schalen oder Gläser schichten. Kokosmilch und Eiswürfel dazugeben und nach Geschmack mit Palmzuckersirup süßen.

Lod Chong Ruam Mit wird eiskalt als Dessert serviert, oder man genießt es als Getränk zu einer Mahlzeit.

Für
4 Personen

Vorbereitung
5 Minuten

Garzeit
30 Minuten

Kluay Buat Chee

VEGAN

Tapioka mit Banane

Normalerweise wird dieses Rezept mit Bananen einer kleinen Sorte *(Khluay Namwah)* zubereitet, die sehr aromatisch sind und beim Garen fest bleiben. Manche gut sortierten Asialäden bieten sie vorgegart und tiefgefroren an. Alternativ können Kochbananen verwendet werden, die sich gut zum Garen eignen. Sie sind allerdings nicht ganz so aromatisch.

70 g Perlsago (Tapiokaperlen)
1 reife Kochbanane
100 g Palmzucker (oder Rohrohrzucker)
400 ml Kokosmilch
1 EL Sesam, geröstet

Wasser in einem Topf gerade bis zum Siedepunkt erhitzen. Den Perlsago einrieseln lassen und bei schwacher Hitze 5 Minuten unter vorsichtigem Rühren köcheln lassen. Vom Herd nehmen und zunächst abkühlen, dann abtropfen lassen.

Die Banane schräg in Scheiben schneiden. Den Palmzucker grob hacken.

Den Zucker mit 250 ml Wasser und den Bananenscheiben in einen Topf geben und bei schwacher Hitze 15 Minuten köcheln lassen.

Den Perlsago zu Zucker und Banane in den Topf geben. Die Kokosmilch hinzufügen und weitere 10 Minuten köcheln lassen. Abkühlen lassen, dann mit Sesam bestreuen und servieren.

Für 10 Cracker	Vorbereitung 30 Minuten	Wartezeit 4 Stunden	Garzeit 4 Stunden

Khao Taen

VEGAN

Klebreiscracker mit Karamell

250 g Klebreis
500 ml Öl zum Frittieren

Variante 1
Leichter Karamell mit wenig Zucker
180 g Palmzucker

Variante 2
Intensiverer Karamell
100 g Palmzucker
80 g Rohrohrzucker

Variante 3
Für Feinschmecker
200 g Karamellcreme mit gesalzener Butter (»Caramel au beurre salé«)

außerdem
Ausstecher mit 7–7,5 cm Ø

Den Klebreis 4 Stunden in kaltem Wasser einweichen. Abtropfen lassen, dann 35 Minuten im Dampf garen.

Den Backofen auf 80 °C vorheizen. Ein Backblech mit Backpapier belegen. Den heißen Reis 5 mm dick darauf verteilen, dann 7–7,5 cm große Kreise ausstechen (entspricht jeweils etwa 35 g Reis). Die Reistaler 3–4 Stunden im Ofen fest werden lassen, dabei gelegentlich wenden. Wenn sie vollständig hart und trocken sind, können sie in einer luftdichten Dose bei Raumtemperatur mehrere Wochen aufbewahrt werden.

Das Frittieröl in einem Topf auf 180 °C erhitzen. Die Reistaler nacheinander ins heiße Öl geben: Sie werden sich nach einigen Sekunden aufblähen wie Puffreis. Wenden und die andere Seite frittieren. Dann herausnehmen und auf Küchenpapier abtropfen lassen.

Für die Karamell-Varianten 1 und 2 nun den Karamell zubereiten. Zucker und 50 ml Wasser in einem Topf verrühren und bei mittlerer Hitze erwärmen, bis der Zucker zu einem sirupartigen Karamell geschmolzen ist.

Für die Karamell-Variante 3 die Karamellcreme in der Mikrowelle oder im Wasserbad erhitzen.

Die Cracker mit dem Karamell beträufeln und genießen.

Für 4 Personen	Vorbereitung 20 Minuten	Wartezeit 4 Stunden, besser über Nacht	Garzeit 1 Stunde 10 Minuten

Khanom Mo Kaeng

Flan mit Taro

200 g Taro (alternativ gegarte Esskastanien oder gegarter Hokkaido-Kürbis)
200 g Palmzucker (oder Rohrohrzucker)
8 Eier
450 g Kokosmilch
¼ TL Salz
2 Pandanusblätter (nach Belieben; alternativ 1 TL Vanilleextrakt oder ½ Tonkabohne, gerieben)
Öl für die Form

außerdem
Backform, 20 × 20 cm

Den Taro in gleichmäßige Stücke schneiden und 15 Minuten im Dampf garen.

Den Palmzucker grob hacken. Mit 3–4 EL Wasser in der Mikrowelle bei 600 W 1 Minute erhitzen oder in einem Topf erwärmen.

Nun den weichen Palmzucker mit dem Taro in einem Mixer glatt pürieren. In eine große Schüssel geben. Eier, Kokosmilch und Salz hinzufügen. Die Pandanusblätter, falls verwendet, vierteln und ebenfalls dazugeben, alternativ Vanilleextrakt oder Tonkabohne hinzufügen.

Alles mit der Hand vorsichtig verkneten, bis eine homogene Masse entsteht. Dies ist die traditionelle Art, die Zutaten zu mischen, ohne Luft einzuarbeiten. Mit Frischhaltefolie abdecken und mindestens 4 Stunden, besser über Nacht, in den Kühlschrank stellen.

Den Backofen auf 200 °C vorheizen. Eine Backform mit Öl ausstreichen. Den Teig durch ein Sieb streichen und in die Form geben. Im vorgeheizten Ofen 20 Minuten backen, dann die Temperatur auf 160 °C herunterschalten und weitere 30–35 Minuten backen.

Vor dem Servieren vollständig abkühlen lassen.

Für 4 Personen | **Vorbereitung** 20 Minuten | **Garzeit** 55 Minuten | **Wartezeit** 30 Minuten + über Nacht

Sangkaya Fak Thong

Kürbis-Flan

100 g Palmzucker
2 Pandanusblätter (nach Belieben; oder 1 TL Vanilleextrakt)
220 g Kokosmilch
5 Eier
1 kleiner Kabocha-Kürbis in der Größe einer Melone (oder ein anderer grüner Kürbis)

außerdem
Dampfgarer

Den Palmzucker grob hacken und in einen Topf geben. Die Pandanusblätter, falls verwendet, vierteln und mit der Kokosmilch hinzufügen. Alles bei schwacher Hitze erwärmen, bis sich der Zucker auflöst. Abkühlen lassen, dann die Eier einrühren. Mindestens 30 Minuten bei Zimmertemperatur stehen lassen.

Vom Kürbis einen Deckel abschneiden. Die Kerne mit einem Löffel herausschaben. Die Kokosmilch-Eier-Mischung durch ein Sieb gießen und in den Hohlraum füllen, aber nicht bis zum Rand, weil die Masse beim Garen aufgeht. Den Kürbis in den Dämpfkorb setzen, den abgeschnittenen Deckel auflegen und den gefüllten Kürbis im Dampfgarer 35 Minuten garen. Dann den Kürbisdeckel abnehmen und weitere 20 Minuten garen.

Vollständig abkühlen lassen, dann einige Stunden kühl stellen, am besten über Nacht. Das Dessert schmeckt am nächsten Tag noch viel besser. In Scheiben schneiden und genießen.

TIPP
Beim Kabocha-Kürbis kann man die Schale mitessen.

Für	Einweichzeit	Vorbereitung	Garzeit
9 Stück	4 Stunden	45 Minuten	30 Minuten

Khao Tom Mat

VEGAN

Klebreis mit Banane

400 g Klebreis
200 g Kokosmilch
150 g Rohrohrzucker
4,5 Bananen

außerdem
1 Paket Bananenblätter
Dampfgarer

Den Klebreis in einer Schüssel mit kaltem Wasser 4 Stunden lang einweichen. Anschließend abtropfen lassen. Einen Dämpfkorb mit einem dünnen Tuch oder Resten von Bananenblättern auslegen, den Reis hineingeben und im Dampfgarer 20 Minuten garen.

Kokosmilch und Rohrohrzucker in einem Topf bei schwacher Hitze erwärmen. Wenn der Zucker geschmolzen ist, die Mischung über den gekochten Klebreis gießen und umrühren.

Aus den Bananenblättern neun Rechtecke von 25 × 18 cm schneiden. Bei Bedarf die Mittelrippe entfernen, Reststücke aufbewahren, um die Päckchen zu verstärken. Die Blätter waschen und mit einem Küchentuch abtrocknen. Die Rechtecke in der Mitte falten, die Ecken mit einer Schere abrunden (**1**).

Die Bananen quer halbieren. Dann jede Bananenhälfte der Länge nach halbieren. So lassen sie sich leichter einwickeln.

Ein Bananenblatt auf die Arbeitsfläche legen. Ein Reststück in die Mitte legen. Nun 1 großen EL Klebreis auf das Bananenblatt geben und ½ Banane (der Länge nach halbiert) darauflegen. Mit 1 kleinen EL Reis bedecken (**2**). Zuerst die langen Kanten des Blatts einschlagen, dann die Schmalseiten (**3**). Das Päckchen in einen Dämpfkorb setzen. Die restlichen Zutaten ebenso verarbeiten.

Wasser im Dampfgarer zum Kochen bringen. Den Korb hineinsetzen und die Bananenpäckchen darin 10 Minuten garen. Lauwarm servieren.

1

2

3

Für
4 Personen

Vorbereitung
5 Minuten

Wartezeit
mindestens 2 Stunden
bis zu 2 Tagen

Gefrierzeit
15–30 Minuten

Itim Kathi

VEGAN

Kokosmilcheis

100 g Palmzucker
600 ml Kokosmilch
ungesalzene Erdnüsse, geröstet

außerdem
Eismaschine

Den Palmzucker grob hacken. Mit der Kokosmilch in einem Topf bei schwacher Hitze erwärmen, bis der Zucker geschmolzen ist. Vom Herd nehmen und vollständig abkühlen lassen. Mindestens 2 Stunden kühl stellen.

Die Mischung in eine Eismaschine geben und rühren, bis das Eis fest geworden ist (je nach Gerät 15–30 Minuten). Sofort verzehren oder maximal 1 Stunde ins Gefrierfach stellen. Das Eis mit ganzen Erdnüssen bestreut servieren.

Das Eis schmeckt hervorragend zu Klebreis mit Mango (Rezept S. 238).

TIPP
Die gezuckerte Kokosmilch kann bis zu 2 Tage im Voraus zubereitet werden. Bis zur Verwendung kühl stellen.

Für 8–10 Personen	Vorbereitung 30 Minuten	Garzeit 10 Minuten	Wartezeit 4½ Stunden

Wun Pon La Mai

VEGAN

Gelee mit Früchten

Mehrfruchtgelee
100 g Litschis (im eigenen Saft, aus der Dose)
125 g Himbeeren
125 g Erdbeeren
480 g Flüssigkeit (Saft der Litschis und Wasser)
50 g Zucker
4 g Agar-Agar

Kokosgelee
350 g Kokosmilch
35 g Zucker
3 g Agar-Agar

Himbeergelee
250 g Himbeerpüree
3 g Agar-Agar

außerdem
runde Form (22 cm Ø, 7 cm hoher Rand)
Zahnstocher

Für das Mehrfruchtgelee Litschis vierteln, Himbeeren halbieren und Erdbeeren in Scheiben schneiden. Den Saft der Litschis wiegen und mit Wasser auf 480 g auffüllen. Die Flüssigkeit in einen Topf gießen, Zucker und Agar-Agar hinzufügen und mit einem Schneebesen verrühren. Zum Kochen bringen, dann bei schwacher Hitze unter ständigem Rühren 1–2 Minuten köcheln lassen. Eine dünne Schicht Flüssigkeit in die Form gießen. Etwas abkühlen lassen, dann die Früchte darauf verteilen. Die restliche Flüssigkeit darübergießen und 15 Minuten im Kühlschrank fest werden lassen.

In der Zwischenzeit für das Kokosgelee Kokosmilch, Zucker und Agar-Agar in einem Topf mit dem Schneebesen verrühren. Zum Kochen bringen, dann bei schwacher Hitze unter ständigem Rühren 1–2 Minuten köcheln lassen. Etwas abkühlen lassen, dann in die Form gießen und weitere 15 Minuten im Kühlschrank fest werden lassen.

Für das Himbeergelee Himbeerpüree und Agar-Agar in einem Topf mit dem Schneebesen verrühren. Zum Kochen bringen, dann bei schwacher Hitze unter ständigem Rühren 1–2 Minuten kochen. Etwas abkühlen lassen, dann auf das Kokosgelee in der Form gießen. Mindestens 4 Stunden kühl stellen.

Kurz vor dem Servieren mit einer Messerklinge am Rand der Form entlangfahren. Zahnstocher zwischen die Form und das Gelee schieben. Dabei mit der Messerklinge oder einem Spatel nachhelfen. Einen Teller auf die Form legen und die Form stürzen. Einen Moment warten: Die Zahnstocher sorgen dafür, dass Luft eindringt und das Gelee sich von Rand und Boden der Form löst. Wer es eilig hat, kann die Form kurz in heißes Wasser tauchen und dann stürzen.

Zu diesem Dessert kann Kokosmilcheis serviert werden (Rezept S. 232).

Für
8–10 Personen

Vorbereitung
40 Minuten

Garzeit
1 Stunde (10 × 6 Minuten)

Khanom Chan

VEGAN

Schichtdessert

❶

❷

***Khanom Chan* bedeutet »Schichtkuchen«. In meiner Familie nennen wir das Dessert »Etagenkuchen«, denn im Thai gibt es nur ein Wort für Schicht, Ebene, Stockwerk oder Lage. Das Dessert muss aus mindestens neun Schichten bestehen. Das thailändische Wort für »neun« klingt genauso wie das für »Schritt«, was so viel wie »Schritt nach vorn« bedeutet. Es wird also mit Wohlstand und Glück in Verbindung gebracht. *Khanom Chan* wird für glückbringende Zeremonien zubereitet, die auch in Thailand immer seltener werden. Grund genug, das Rezept gut aufzubewahren.**

120 g Pandanusblätter
440 g Palmzucker
800 g Kokosmilch
420 g Tapiokastärke
40 g Reismehl

außerdem
runde Form (25 cm Ø, 5 cm hoher Rand)
Dampfgarer (groß genug für die Form; alternativ die Mengen halbieren und eine Form von 20 × 4 cm verwenden)

Zunächst einen Pandanusextrakt zubereiten. Dafür die Pandanusblätter in Stücke schneiden und mit 150 ml Wasser im Mixer fein pürieren. Die Mischung durch ein Sieb oder ein Stück Käseleinen in eine Schüssel gießen. Den Rückstand kräftig ausdrücken, die Flüssigkeit wiegen und bei Bedarf mit Wasser auf 150 g auffüllen.

Den Palmzucker mit 150 ml Wasser in einem Topf bei schwacher Hitze erwärmen. Vom Herd nehmen, wenn der Palmzucker aufgelöst ist. Die Kokosmilch unterrühren. Tapiokastärke und Reismehl in einer Schüssel mischen. Die Kokosmilchmischung langsam hinzugießen, dabei ständig mit einem Schneebesen rühren. Die Mischung wiegen und je eine Hälfte in separate Schüsseln gießen.

Zu einer Portion den Pandanusextrakt geben und mit einem Schneebesen unterziehen. Zur anderen Portion 150 ml Wasser geben und mit dem Schneebesen verrühren.

Die Form in den Dämpfkorb setzen. Wasser im Dampfgarer zum Kochen bringen, dann den Korb hineinsetzen. Eine dünne Schicht der weißen Mischung in die Form gießen (**1**). Abdecken und 6 Minuten garen. Dann eine dünne Schicht der grünen Mischung hineingießen (**2**). Abdecken und 6 Minuten garen. Die beiden Schritte wiederholen, bis mindestens 9 Schichten erreicht sind. Mit einer grünen Schicht enden.

Das Dessert vollständig erkalten lassen. Am nächsten Tag schmeckt es sogar noch besser. Mit Frischhaltefolie abdecken und bei Zimmertemperatur aufbewahren. Wenn das Dessert im Kühlschrank aufbewahrt wird, vor dem Servieren Zimmertemperatur annehmen lassen.

Für 4 Personen	Wartezeit 4 Stunden	Vorbereitung 15 Minuten	Garzeit 30 Minuten

Khao Niao Mamuang

VEGAN

Klebreis mit Mango

250 g Klebreis
80 g Palmzucker
1 Prise Salz
200 ml Kokosmilch
2 reife Mangos

außerdem
Dampfgarer

Den Klebreis in einer großen Schüssel mit kaltem Wasser 4 Stunden einweichen. Anschließend abgießen und abtropfen lassen.

Wasser in einem Dampfgarer zum Kochen bringen und den Korb mit einem feuchten Tuch auslegen. Den Reis hineingeben und 15 Minuten garen. Dann den Reis wenden und weitere 10–12 Minuten garen (siehe S. 113).

In der Zwischenzeit Palmzucker, Salz und Kokosmilch in einem Topf bei schwacher Hitze erwärmen, bis der Palmzucker geschmolzen ist. Achtung: Nicht kochen lassen!

Den gegarten Reis in eine Schüssel umfüllen. Abkühlen lassen, dann nach und nach die Kokosmilch zugießen und dabei mit einem Spatel umrühren. Den Reis 20 Minuten bei Zimmertemperatur stehen lassen. Er sollte die gesamte Flüssigkeit aufnehmen.

Die Mangos in Stücke schneiden und mit dem lauwarmen Reis servieren.

TIPP
Wer mag, kann eine »Sauce« zubereiten. Dazu 10 g Palmzucker in 150 ml Kokosmilch auflösen, abkühlen lassen und zum Klebreis servieren.

Für 8–10 Personen	Vorbereitung 20 Minuten	Garzeit 30 Minuten	Wartezeit 2 Nächte

Khao Niao Dam

VEGAN

Kuchen aus schwarzem Klebreis

250 g schwarzer Klebreis
500 g weißer Klebreis
420 g Rohrohrzucker (oder 200 g Palmzucker + 220 g Rohrohrzucker)
280 g Kokoscreme
50 g Kokosraspel
gerösteter Sesam

außerdem
Dampfgarer

Schwarzen und weißen Klebreis getrennt über Nacht in kaltem Wasser einweichen. Am nächsten Tag beide Reissorten separat abtropfen lassen.

Den schwarzen Reis mit 500 ml Wasser in einen Topf geben. Zum Kochen bringen, dann bei schwacher Hitze ganz langsam garen, bis der Reis das gesamte Wasser aufgenommen hat. Der Reis sollte dann weich sein. Probieren, und wenn nötig etwas mehr Wasser hinzufügen und die Garzeit verlängern. Gleichzeitig den weißen Klebreis 25–30 Minuten im Dampf garen (siehe S. 113). Wenn beide Reissorten gar sind, schwarzen und weißen Reis in einer großen Schüssel mischen.

Den Zucker in einem Topf bei schwacher Hitze in der Kokoscreme auflösen. Über den Reis gießen und alles gründlich mischen.

Den Reis in eine große Schüssel geben. Die Oberseite mit einem Löffelrücken glatt streichen und mit Kokosraspeln bestreuen. Sie muss vollständig bedeckt sein, damit der Reis nicht austrocknet.

Mindestens 5 Stunden, besser über Nacht, bei Zimmertemperatur ruhen lassen. Dabei nimmt der Reis die gesamte Flüssigkeit und die Aromen gut auf.

Am nächsten Tag in Stücke schneiden und mit geröstetem Sesam bestreuen.

Der Kuchen kann 2–3 Tage in einem luftdichten Behälter aufbewahrt werden. Vor dem Servieren 5 Minuten im Dampf oder 25–30 Sekunden in der Mikrowelle erwärmen.

Für
6 Personen | **Vorbereitung**
20 Minuten | **Garzeit**
1 Stunde

Khanom Man Sampalang

VEGAN

Maniok-Kuchen

Wer die Konsistenz von Lokum mag, wird dieses Dessert lieben. Tapiokastärke verleiht der Masse die elastische Konsistenz. Sie wird aus Maniok hergestellt. Wählen Sie relativ dünnen, festen, trockenen und makellosen Maniok.

4 Pandanusblätter (nach Belieben)
600 g Maniok
400 g Kokosmilch
230 g Rohrohrzucker
1 Prise Salz
200 g frisch geraspelte Kokosnuss
(oder getrocknete Kokosraspel)

außerdem
runde Form, 20 cm Ø, 4 cm hoher Rand
Dampfgarer, groß genug für die Form

Die Pandanusblätter, falls verwendet, grob zerkleinern, in einen Topf geben und 200 ml Wasser hinzufügen. Zum Sieden bringen und die Pandanusblätter 5 Minuten köcheln lassen. Vom Herd nehmen und ziehen lassen. Wer keine Pandanusblätter verwendet, überspringt diesen Schritt und gibt das Wasser direkt in den Mixer.

Den Maniok schälen, in kleine Stücke schneiden und in kaltem Wasser gründlich reinigen. Abtropfen lassen.

Kokosmilch, Maniok, Zucker und Salz in einen Mixer geben. Das Pandanus-Wasser durch ein Sieb gießen und ebenfalls zufügen. Alles zu einer glatten Masse pürieren und in die Form gießen.

Wasser im Dampfgarer zum Kochen bringen. Das Dessert darin 1 Stunde garen lassen, dabei zwischendurch regelmäßig den Wasserstand überprüfen. Vollständig abkühlen lassen, dann in gleichmäßige Stücke schneiden. Vor dem Servieren in den Kokosraspeln wenden.

TIPP
Verwendet man 200 ml Wasser, wie angegeben, bekommt der Kuchen eine Konsistenz wie Lokum. Wer es etwas fester mag, nimmt nur 100 ml Wasser oder verwendet gar keines.

Anhang

Gemüse & frische Kräuter

1. Erbsenaubergine *(Makua Phuang)* Eine Auberginensorte, die häufig für grüne Currys verwendet wird. Man gibt sie am Ende der Garzeit hinzu. Erbsenauberginen sind knackig, ihr leicht bitterer Geschmack harmoniert mit der Geschmackspalette des Currys (scharf, cremig, mild, salzig). Man findet sie im Kühlregal von Asialäden.
2. Thai-Aubergine *(Makua)* Hat wie ihre Verwandte, die Erbsenaubergine, einen leicht bitteren Geschmack. In Viertel schneiden und am Ende der Garzeit in Currys geben. Man findet sie im Kühlregal von Asialäden.
3. Bananenblätter (siehe S. 252)
4. Austernseitling Dieser Pilz mit fester Textur und mildem Geschmack eignet sich gut für gebratene Gerichte oder Currys. Seine Konsistenz erinnert an Huhn, darum kann er als Fleischersatz verwendet werden.
5. Schnittknoblauch oder **Chinalauch** *(Ku Chai)* Ähnelt der Frühlingszwiebel oder dem Schnittlauch, hat aber ein mildes Knoblaucharoma. Kann roh verwendet oder kurz mitgegart werden.
6. Betelblätter (*Piper sarmentosum*) Die Blätter mit pikant-pfeffrigem Geschmack werden gern zum Einwickeln von mariniertem Fleisch oder anderen Zutaten verwendet (z. B. für *Miang Kham*, Rezept S. 14).
7. Thai-Basilikum Unverzichtbar! Es gibt zwei Sorten: Horapa-Basilikum hat einen frischen Anis-Geschmack und wird für Suppen und Currys verwendet. Heiliges Basilikum oder *Krapao* hat ein intensiveres, pfeffriges Aroma und aromatisiert hauptsächlich gebratene Gerichte.
8. Wasserspinat Die Wasserpflanze mit den hohlen Stängeln ist in Thailand ganzjährig erhältlich und beliebt, weil sie preiswert ist.
9. Kaffirlimette *(Combawa)* Von der Frucht wird nur die Schale verwendet.
10. Maniok Wählen Sie feste, schwere Knollen ohne Flecken. Die Schale und die rosa Haut entfernen und gründlich abspülen. Das Fleisch sollte schön weiß sein.
11. Zitronengras Unverzichtbar für Currys, Suppen, Salate und einige Marinaden. Die äußeren Blätter entfernen (einen Aufguss daraus herstellen und für Currys und Suppen verwenden). Für Salate nur das weiche Herz verwenden und sehr fein hacken. Für Suppen und Currys wird Zitronengras meist in große Stücke geteilt und vor dem Servieren entfernt.
12. Taro Beim Kauf mittelgroße oder große Knollen wählen, sie haben eine bessere Textur und duften stärker. Die Haut sollte glatt und fest sein.
13. Meterbohnen Werden roh oder gegart genossen. Können durch grüne Bohnen ersetzt werden.
14. Baby-Maiskolben. Frische Maiskölbchen schmecken viel besser als Konservenware. Bissfest garen. Man findet sie im Kühlregal von Asialäden.
15. *Krachai* (*Boesenbergia rotunda*). Auch Fingerwurz genannt. Eine kleine knollige Wurzel mit einem pfeffrigen Geschmack und Noten von Zitrusfrüchten und Ingwer. Man findet sie im Kühlregal von Asialäden.
16. Pak Choi
17. Kaffirlimettenblätter Absolut unverzichtbar! Sie sind in Beuteln oder Schalen in der Tiefkühltruhe zu finden. Ihr intensiver Duft und ihr frischer

Zitronengeschmack sind typisch für thailändische Gerichte. Die Mittelrippe wird entfernt und die Blätter werden in feine Streifen geschnitten. Oder man lässt sie ganz und entfernt sie vor dem Servieren.

18. Grüner Pfeffer Man findet ihn im Kühlregal von Asialäden.

19. Galgant Unverzichtbar. Seine zitronigen, leicht pfeffrigen Noten verleihen Gerichten Frische. Galgant wird in Beuteln oder Schalen im Kühlregal verkauft. Man kann ihn in Scheiben schneiden und einfrieren. Fein geschnitten isst man ihn mit, wurden größere Stücke mitgekocht, werden sie vor dem Servieren entfernt.

20. Thai-Chili Rot oder grün, in Schalen im Kühlregal erhältlich. Sie sind recht scharf, darum empfiehlt es sich, sie zu entkernen, bevor man sie an Speisen gibt.

21. Milder Chili Der Geschmack ist süß und fruchtig, wie bei anderen Chilisorten, aber ohne die Schärfe. Man findet ihn in asiatischen oder karibischen Lebensmittelgeschäften. Bitte nicht verwechseln mit *Scotch Bonnet*-Chili, der sehr scharf ist. Milder Chili hat eine eher längliche Form, während *Scotch Bonnet* die runde Form der Schottenmütze hat.

22. *Kai-lan* oder chinesischer Brokkoli, auch **Sprossbrokkoli**

Bananenblüten

Was ist das?

Es handelt sich um die männliche Blüte, die am Ende einer Bananenstaude wächst. Die Bananenblüte schmeckt überhaupt nicht wie eine Banane, sondern hat einen milden, süßlichen Geschmack, der zwischen Palmherz, frischer junger Kokosnuss und Artischocke liegt. Sie kann wie ein Gemüse in Eintöpfen und Suppen gekocht werden, wird aber vor allem roh in Salaten genossen. In Thailand ist ihr ein eigenes Rezept gewidmet: *Yam Hua Plee* (S. 62). Sie passt auch zu *Pad Thai* (S. 146), wenn sie wie Rohkost geviertelt wird. Zu *Khanom Chin Nam Ya* (S. 136) kann sie zerkleinert als Garnierung verwendet werden.

Wo kann man sie kaufen?

Man findet Bananenblüten in gut sortierten asiatischen Lebensmittelgeschäften in Frischhaltefolie verpackt im Kühlregal.

Wie bereitet man sie zu?

Die ersten Blütenblätter entfernen, wenn sie beschädigt sind. Unter jedem Blütenblatt befindet sich eine kleine Reihe unentwickelter Bananen, die nicht gegessen werden sollten, da sie zu bitter sind. Das Herz von der Basis her in dünne Scheiben schneiden (**1**). Die Scheiben 5–10 Minuten in kaltes Wasser mit etwas Essig oder Zitronensaft legen (**2**), damit sie sich nicht dunkel verfärben. Dadurch wird auch der bittere Geschmack gemildert, und die unentwickelten Bananen lösen sich leichter. In einem Sieb abtropfen lassen. Die unentwickelten Bananen entfernen und wegwerfen (**3**). Die Bananenblüten zügig verzehren.

1

2

3

Pandanusblätter

Was ist das?

Der Schraubenbaum *(Pandanus)* ist eine tropische Pflanze, die in Südostasien beheimatet ist. Er hat einen unbeschreiblich blumigen Geschmack – eine »grüne« Mischung aus Mandel und Kokosnuss. Er wird oft als die Vanille Asiens bezeichnet und gern für die Zubereitung von Desserts und Getränken verwendet. Auch zum natürlichen Färben von Lebensmitteln eignet er sich gut.

Wo kann man sie kaufen?

Pandanusblätter sind in der Frischetheke asiatischer Lebensmittelgeschäfte erhältlich. Den Saft kann man auch in Dosen und tiefgefroren kaufen, doch von diesen Produkten rate ich ab, weil sie in der Regel wenig Geschmack haben. Pandanusaroma kann man auch in kleinen Fläschchen kaufen. Es ist zwar synthetisch hergestellt, aber geschmacksintensiver.

Pandanusextrakt herstellen

120 g Pandanusblätter putzen und in gleichmäßige, 1–2 cm große Stücke schneiden. Mit 150 g Wasser in einem Mixer fein pürieren, dann in ein Mulltuch gießen und über einem Sieb kräftig ausdrücken. Den konzentrierten Saft auffangen (**1–2**). Den ausgedrückten Rückstand wegwerfen. Der Extrakt hält sich in einer verschlossenen Flasche im Kühlschrank 4 Tage. Nach einer Nacht setzen sich die grünen Inhaltsstoffe am Boden ab. Dann das Wasser vorsichtig abgießen. Der zurückbleibende Extrakt ist umso aromatischer.

TIPP

In manchen traditionellen Restaurants legt man einen kleinen Pandanus-Knoten in eine Karaffe mit Eiswasser. Das Wasser wird dadurch zart parfümiert und ist sehr erfrischend.

1

2

Bananenblätter

In Päckchen aus Bananenblättern werden Lebensmittel gegart. Dabei geben die Blätter ein feines Aroma an die Speisen ab. In gut sortierten asiatischen Lebensmittelgeschäften kann man sie tiefgefroren oder im Kühlregal finden.

Vorbereitung

1. Die Blätter sind selten intakt. Vorsichtig auseinanderfalten und zuerst an den Stellen, an denen sie eingerissen sind, durchschneiden. Stücke, die nicht zur gewünschten Größe der zu faltenden Päckchen passen, vorerst zur Seite legen. Sie können später zur Verstärkung der Päckchen verwendet werden. Die nicht verwendeten Blätter in Frischhaltefolie wickeln und im Gefrierfach aufbewahren. Die Blätter können problemlos aufgetaut und wieder eingefroren werden.
2. Die Blätter, die sofort verwendet werden sollen, gründlich mit Wasser abspülen und trocken tupfen. Mit einer Schere die harte Mittelrippe, die beim Falten stört, entfernen. Die Blätter auf das gewünschte Format zuschneiden.

Tipp: Wenn die Blätter spröde sind und sich schlecht falten lassen, kann man sie einen Moment in kochendes Wasser tauchen oder 1 Minute in den heißen Backofen legen.

Saucen & Pasten aus dem Asialaden

1. Fermentierter roter Tofu, chinesisch, im Glas (für *Yentafo,* Rezept S. 128).
2. Currypaste (Massaman, grün und rot) Ohne sie geht es kaum, gekaufte Pasten sind eine gute Alternative zu selbst gemachten. Nach dem Öffnen gekühlt etwa ein Jahr haltbar. Auch in 50-g-Beuteln erhältlich.
3. Garnelenpaste *(Kapi)* Dunkelviolette Paste aus mit Salz fermentierten Garnelen. Geruch und Geschmack sind intensiv. *Kapi* vertieft den Geschmack aller Gewürze. Kann nach dem Öffnen im verschlossenen Glas an einem kühlen Platz bis zu einem Jahr aufbewahrt werden. Achten Sie darauf, eine Paste aus Thailand zu kaufen. Garnelenpasten aus Indonesien und Malaysia schmecken anders.
4. Eingelegter Rettich Gesalzener, fermentierter weißer Rettich hat eine knackige Konsistenz und gibt einem authentischen *Pad Thai* das gewisse Etwas. Ersatzweise können Sie eingelegten gelben japanischen Rettich *(Takuwan)* verwenden. Gut verpackt ist er an einem kühlen Platz jahrelang haltbar.
5. Gesalzene Sojabohnen Fermentierte Sojabohnen werden beispielsweise für *Khao Man Gai* (Rezept S. 202) oder für gebratenen Wasserspinat verwendet.
6. Tamarindenpaste Eine unverzichtbare Zutat für die Thai-Küche. Kaufen Sie eine Paste aus Thailand, denn Pasten anderer Herkunft schmecken anders.
7. Getrocknete Garnelen. Erhältlich im Kühlregal. Bevorzugen Sie die Größe XL (2–3 cm). Vor der Verwendung 5 Minuten in lauwarmem Wasser einweichen.

8. Tamarindenmark Praktisch, wenn man keine Zeit hat, die Paste einzuweichen, doch das Mark enthält Konservierungs- und Zusatzstoffe. Um 180 g Tamarindenmark selbst herzustellen, werden 60 g zerbröselte Tamarindenpaste mit 200 ml kochendem Wasser übergossen. 10 Minuten stehen lassen, dann umrühren und die Paste mit einem Löffelrücken zerdrücken. Durch ein feines Sieb gießen und gut ausdrücken, den dicken, konzentrierten Saft auffangen.
9. Chilipaste *(Nam Prik Pao)* Eine dicke Paste aus getrockneten Garnelen, Chilis, Knoblauch, Zwiebeln und Palmzucker, die u. a. für *Tom Yum* (Rezept S. 120) unverzichtbar ist. Wird in Gläsern verkauft und hält sich an einem kühlen Ort ein Jahr, wenn sie von einer Ölschicht bedeckt ist.
10. Palmzucker Ein absolutes Muss. Er wird aus Palmsaft gewonnen, der eingekocht und dann zu Scheiben oder Blöcken geformt wird. Palmzucker ist ein natürlicher Zucker mit einem niedrigen glykämischen Index, und er schmeckt weniger süß als Rohrzucker. Er hat eine schöne Bernsteinfarbe und ein mildes Karamellaroma. Um ihn zu verarbeiten, hackt man ihn grob und erwärmt ihn in etwas Wasser. Man kann ihn durch Vollrohrzucker ersetzen, der mit 1–2 EL Ahornsirup vermischt wird.
11. Sriracha Die Sauce wurde in den 1930er-Jahren in der Stadt Sri Racha entwickelt. Es handelt sich um eine Mischung aus rotem Chili, Knoblauch, Essig, Zucker und Salz. Das bekannteste Produkt wurde in den 1980er-Jahren von der Firma Huy Fong Foods auf den Markt gebracht. Ich bevorzuge die Marke Golden Mountain.
12. Fischsauce (*Nam Pla* auf Thai, *Nuoc Mam* auf Vietnamesisch). Unerlässlich! Sie wird in Südostasien seit der Antike verwendet. Thailändische und indonesische Produkte sind gleichermaßen geeignet. Ich finde, dass die Marke Phu Quoc einen besonders komplexen Geschmack hat.
13. Fermentierte Fischsauce (*Padaek* oder *Mam Nem* auf Vietnamesisch) Dunkle, dickflüssige Sauce mit intensivem Geschmack und Geruch (nicht zu verwechseln mit der Fischsauce *Nuoc Mam*).
14. Austernsauce Ich empfehle die Marken Lee Kum Kee (Premium oder Panda) oder Mega Chef (ohne Glutamat, aber schwieriger zu finden).
15. Salzige Sojasauce aus Thailand oder Japan.
16. Dunkle Sojasauce Sie ist dickflüssiger als herkömmliche Sojasauce und dient hauptsächlich dazu, Gerichten eine braune Farbe zu verleihen. Ich empfehle die *Black Soy Sauce* von Healthy Boy (thailändisch) oder die *Mushroom Flavoured Dark Soy Sauce* von Pearl River Bridge (chinesisch). Die thailändische ist süßer, die chinesische salziger und konzentrierter (sparsam dosieren).

Grund- zutaten

1. Kokosmilch Unverzichtbar! Es handelt sich um verdünnte oder aus einer zweiten Pressung stammende Kokoscreme. Ob Dose oder Block: Kaufen Sie ein Produkt aus Thailand oder Indonesien mit einem hohen Gehalt an Kokosextrakt (mindestens 60 %).
2. Jackfrucht in Sirup. Die größte Frucht der Welt kann bis zu 40 kg schwer werden. Man verzehrt die Samen, die voll ausgereift gelb sind. Der Geschmack liegt zwischen Mango, Banane und Ananas. Meiden Sie frische Jackfrucht in Schalen (zu unreif, nicht für Desserts geeignet) und tiefgefrorene (zu reif, wird nach dem Auftauen matschig).
3. Palmfrüchte in Sirup *(Palm Seeds Attap)*. Ovale Kerne, deren Fleisch leicht gallertartig ist. Nicht zu verwechseln mit *Toddy Palm's Seeds*. Es handelt sich um zwei Palmenarten, die unterschiedliche Früchte produzieren.
4. Wasserkastanien Ihr Fleisch ist mild und knackig. Man verwendet sie, um Fleischfüllungen etwas Frische und Biss zu verleihen oder für Desserts. Eventuelle Reste aus einer Dose kann man in kleinen Beuteln einfrieren.
5. Tapiokaperlen Meist unter der Bezeichnung »Perlsago« erhältlich.
6. Schwarzer Klebreis Seine Farbe erhält er durch natürliche Pigmente, die in der äußeren Hülle der Körner enthalten sind. Er hat einen nussigen Geschmack, der typisch für schwarzen Reis ist, und passt perfekt zu Kokosmilch. Wie weißer Klebreis muss er vor dem Kochen eingeweicht werden.
7. Reismehl
8. Geschälte Mungobohnen werden meist für süße und salzige Füllungen verwendet.
9. Wasserkastanienstärke Feines Pulver, das aus den Wurzeln der Wasserkastanie hergestellt wird. Es wird häufig als Verdickungsmittel verwendet, da es eine glatte Textur mit einer leicht gelatineartigen Konsistenz hat. Es ist glutenfrei und kalorienarm. Man verwendet es zur Herstellung von *Lod Chong* (Rezept S. 220).
10. Tapiokastärke Wird aus den Wurzeln der Maniokpflanze hergestellt und als Verdickungsmittel verwendet. Gibt Suppen und Saucen eine etwas klebrige Konsistenz und verleiht Nudeln Elastizität.
11. Klebreismehl Da es einen höheren Stärkegehalt als Reismehl hat, hat es eine klebrige und elastische Textur. Wird hauptsächlich für Desserts oder für spezielle Zubereitungen wie die Hülle von *Khanom Tian* (Rezept S. 42) verwendet.

5
Tapioca Pearl / Bille De Tapioca
NET WEIGHT / POIDS NET: 400 g / 14 oz
8
COCK BRAND
PEELED SPLIT MUNG BEAN /
HARICOTS MUNGO COUPES DECORTIQUES / 去皮綠豆
NET WEIGHT / POIDS NET / 淨重: 400 g
9
純 正
岐江馬蹄粉
Chi Kong Water chestnut Starch
廣東特產
中華人民共和國產品
PRODUCT OF THE PEOPLE'S REPUBLIC OF CHINA
10
COCK BRAND
水磨菱
NET WEIGHT / POIDS NET: 14 oz (400 g)
淨重: 14 oz/安士 (400 g/公克)
FECULE DE TAPIOCA
TAPIOCA STARCH
7
COCK BRAND
NET WEIGHT / POIDS NET: 14 oz (400 g)
淨重: 14 oz/安士 (400 g/公克)
FARINE DE RIZ
WHITE RICE FLOUR
6
金鳳凰黑糯米
Poids Net: 1kg
REF.101353
Produit de Thaïlande
11
水磨糯米
NET WEIGHT / POIDS NET: 14 oz (400 g)
淨重: 14 oz/安士 (400 g/公克)
FARINE DE RIZ GLUANT
GLUTINOUS RICE FLOUR

Nudeln

Getrocknete Nudeln

Bei den getrockneten Nudeln unterscheidet man zwischen denen, die in in großen Platten gedämpft und dann geschnitten werden, und Nudeln, die wie Spaghetti gepresst werden. Alle getrockneten Nudeln müssen vor der Verwendung eingeweicht werden.

Frische Nudeln

Die meisten Nudelsorten kann man nicht nur getrocknet, sondern auch frisch kaufen. Man findet sie im Kühlregal, meist in der Nähe von Tofu. Es gibt zwei Arten:

Frische gedämpfte Nudeln *(Hutieu, Kway Tieow)* werden entweder als Platten zum Selberschneiden verkauft oder sind bereits geschnitten. Vor dem Kochen müssen die Nudelblätter getrennt werden. Das geht einfacher, wenn man sie vorab einige Sekunden in die Mikrowelle legt.
Solche Nudeln werden beispielsweise für *Pad See Ew* (Rezept S. 148) und *Raad Na* (Rezept S. 152) verwendet.

Frische Reisnudeln, vakuumverpackt, müssen vor der Verwendung nicht eingeweicht werden. Ihre Konsistenz ist elastischer und weniger spröde als die von getrockneten Reisnudeln.

Reis-Vermicelli

Vietnamesische Reisnudeln werden in einem Topf mit kochendem Wasser gegart, dann abgegossen und gründlich abgespült, um die Stärke zu entfernen. Danach lässt man sie erneut gut abtropfen. Sie werden entweder mit heißer Suppe übergossen, wie für *Khanom Chin Nam Ya* (Rezept S. 136) oder als Salat serviert, wie in *Sao Nam* (Rezept S. 68).

Dicke und dünne Nudeln

An thailändischen Nudelständen gibt man bei der Bestellung die gewünschte Größe der Nudeln an. Außerdem kann man zwischen Nudeln in Suppe und »trockenen« Nudeln wählen. Die trockenen Nudeln werden mit einer Mischung aus verschiedenen Saucen (z. B. Sojasauce, Nuoc Mam, Zucker, Chili) gewürzt. Die üblichen Nudelstärken sind:

- *Sen Lek:* die dünnsten Nudeln (2 mm)
- *Sen Gang:* mittlere Stärke (3–4 mm)
- *Sen Yai:* die dicksten Nudeln (5 mm und mehr).

In Thailand schätzt man dünne Nudeln vor allem als Einlage für Suppen, da sie die Aromen der Brühe schnell aufnehmen. Dickere Nudeln werden meist für Wokgerichte verwendet, allerdings sieht man Pad Thai auch häufig mit dünnen Nudeln. Letztlich ist es eine Frage des Geschmacks. Gebratene dünne Nudeln sind feuchter und klebriger, nehmen aber die Sauce besser auf.

1. Frische Reisnudeln (*Ho Fun, Hu Tieu* oder *Kway Teow*, je nach Dialekt) Ursprünglich aus China, im Kühlregal.
2. Mungobohnen-Vermicelli
3. Getrocknete Reisnudeln 10 mm
4. Getrocknete Reisnudeln 5 mm
5. Vietnamesische Reis-Vermicelli *Bun Tuoi*
6. Frische Weizennudeln mit Ei
7. Flache Reisnudeln *rice flakes*
8. Reis-Vermicelli *Wai Wai*

1
2
3
4
5
6
7
8
BÁNH PHỞ
SẢN XUẤT TẠI MỸ THO
Rice Noodle
TUFOCO
VIET CHOICE
ĐẶC SẢN VIỆT NAM
VIETNAMESE
Rice Vermicelli
Bún Tươi
NOUILLES CHINOISES
RICE FLAKE SHEET
BÁNH CUỐN KHÔ
Vermicelli
LUNGKOW
VERMICELLE DE RIZ FRAIS
沙河粉
HU TIEU TUOI
WAI WAI
ORIENTAL STYLE

Utensilien

1. Wok Die goldene Regel für den Wok lautet: Füllen Sie ihn nicht zu voll! Das ist wichtig für eine gleichmäßige Temperatur und Luftzirkulation. Außerdem kann man dann besser in kreisenden Bewegungen rühren. Größere Mengen sollte man darum lieber portionsweise braten.
Es gibt zwei Arten von Woks:
Traditioneller Wok aus Stahl: Am besten geeignet für den Gasherd. Er muss vor dem Gebrauch eingebraten werden, damit er eine natürliche Schutzschicht oder Patina erhält. Wenn der Stahlwok einmal richtig eingebraten ist, wird er quasi unkaputtbar.
Wok mit Antihaftbeschichtung: Für alle Herdarten geeignet und praktisch in der Handhabung, allerdings recht schwer. Wenn die Beschichtung schadhaft wird, muss der Wok erneuert werden.
2. Formen
3. Dampfgarer Ich bevorzuge Dampfgarer mit großem Durchmesser. Es gibt sie aus Edelstahl oder Aluminium (Vorsicht bei Induktionsherden), und man kann in ihnen auch größere Stücke wie einen ganzen Fisch garen oder ein Dessert zubereiten.
4. Schneidebrett
5. Papaya-Raspel Preiswert, klein und handlich, leicht zu benutzen. Ich nehme sie sogar mit in den Urlaub. Mit ihr gelingt knackige Rohkost, die mit anderen Raspeln oft matschig oder zu grob wird. Wer sie einmal ausprobiert hat, wird sie nicht mehr hergeben. Man findet sie in asiatischen Supermärkten. Zur Handhabung siehe S. 46–47.
6. Messer In der Thai-Küche muss viel Gemüse geschnitten werden. Für die meisten Zwecke verwendet man ein Messer mit großer, viereckiger Klinge. Ersatzweise kann ein Schälmesser oder ein japanisches Santuko-Messer benutzt werden.
7. Bambuskörbchen Zum Warmhalten von Reis. Sie ermöglichen eine gute Luftzirkulation und sorgen so dafür, das der Reis eine schöne Konsistenz behält und die Körner nicht zu feucht werden.
8. Kleiner Mörser aus Stein für Gewürze Praktisch zum Zerkleinern kleiner Mengen.
9. Großer Mörser aus Keramik oder Hartholz Einen solchen Mörser, meist aus Teak oder Palisander, gibt es wahrscheinlich in jedem thailändischen Haushalt. Man benutzt ihn, um alle möglichen Zutaten zu zerkleinern und zu stampfen: Chilis, Knoblauch, Kräuter, aromatische Wurzeln, Currypasten, Saucen, Papaya. Der Mörser wird so oft verwendet, dass er von den Säften sämtlicher Gewürze durchtränkt ist. Darum ist der Papayasalat, den man an Straßenständen kaufen kann, immer scharf – auch wenn man die Version ohne Chilis bestellt.

1
2
3
4
5
6
7
8
9

Übersicht der Rezepte

Vorspeisen 12

Salate & Dips 44

Currys 84

Suppen 116

Aus dem Wok 144

Gedämpft & gebacken 180

Getränke & Desserts 214

Anhang 244

Register nach Zutaten

Dank

Danke an meine Verlegerinnen Audrey und Christine, die mir dieses wunderbare Projekt anvertraut haben, das ursprünglich vor Covid in Bangkok geschrieben werden sollte.
Danke Akiko für den sanften Blick deiner Augen und für all die schönen gemeinsamen Momente. Unseren japanischen Roadtrip werde ich nie vergessen.
Danke Élise für deine Effizienz und all die Anekdoten, die wir uns erzählt haben.
Danke Élodie für deinen unglaublich sicheren Geschmack.
Danke Lola, Mila, Sienna und Eythan, ihr seid die Besten!

Für meine Eltern, meinen Bruder und meine Tanten.
Für meine Lieben K. & V.
Für JY.

DK | Penguin Random House

Für die deutsche Ausgabe:
Verlagsleitung Monika Schlitzer
Programmleitung Heike Faßbender
Projektbetreuung Julia Sommer
Herstellungsleitung Dorothee Whittaker
Herstellungskoordination Katharina Schäfer
Herstellung Christine Rühmer

Übersetzung Wiebke Krabbe
Lektorat Elke Sagenschneider, Texte und Projekte, München

Titel der französischen Originalausgabe: Thai Maison

Der Originaltitel erschien 2023 in Frankreich bei Marabout, ein Imprint von Hachette Livre

Rezepte Orathay Souksisavanh
Fotografie Akiko Ida
Design Pierre Jeanneau
Coverillustration Pierre Jeanneau

ISBN 978-3-8310-4942-4
5902-970788-23659-02

Druck und Bindung Toppan Leefung, China

MIX
Papier aus verantwortungsvollen Quellen
FSC www.fsc.org FSC® C104723

www.dk-verlag.de